plurall

CB129451

Parabéns!
Agora você faz parte do **Plurall**, a plataforma digital do seu livro didático!
Acesse e conheça todos os recursos e funcionalidades disponíveis para as suas aulas digitais.

Baixe o aplicativo do **Plurall** para Android e IOS ou acesse **www.plurall.net** e cadastre-se utilizando o seu código de acesso exclusivo:

AASANEM6Z

Este é o seu código de acesso Plurall. Cadastre-se e ative-o para ter acesso aos conteúdos relacionados a esta obra.

@plurallnet

@plurallnetoficial

SOMOS
EDUCAÇÃO

PORTUGUÊS: LINGUAGENS

1

William CEREJA
Professor graduado em Português e Linguística e licenciado em Português pela Universidade de São Paulo (USP)
Mestre em Teoria Literária pela Universidade de São Paulo (USP)
Doutor em Linguística Aplicada e Análise do Discurso pela Pontifícia Universidade Católica de São Paulo (PUC-SP)
Professor da rede particular de ensino em São Paulo, capital

Carolina Dias VIANNA
Professora graduada e licenciada em Português pela Universidade Estadual de Campinas (Unicamp-SP)
Mestra em Linguística Aplicada pela Universidade Estadual de Campinas (Unicamp-SP)
Doutora em Linguística Aplicada pela Universidade Estadual de Campinas (Unicamp-SP)
Professora das redes pública e particular de ensino em São Paulo e Minas Gerais

Paula BARACAT De Grande
Graduada e licenciada em Letras pela Universidade Estadual de Campinas (Unicamp-SP)
Mestra em Linguística Aplicada pela Universidade Estadual de Campinas (Unicamp-SP)
Doutora em Linguística Aplicada pela Universidade Estadual de Campinas (Unicamp-SP)
Professora no ensino básico e no ensino superior em São Paulo e no Paraná

Atual Editora

Editora Saraiva

Presidência: Mario Ghio Júnior

Vice-presidência de educação digital: Camila Montero Vaz Cardoso

Direção editorial: Lidiane Vivaldini Olo

Gerência de conteúdo e design educacional – Soluções completas: Viviane Carpegiani

Edição: Fernanda Vilany, Mônica Rodrigues de Lima e Paula Junqueira

Preparação de texto: Noé Gonçalves Ribeiro

Planejamento e controle de produção: Flávio Matuguma (ger.), Juliana Batista (coord.), Vivian Mendes (analista) e Suelen Ramos (analista)

Revisão: Letícia Pieroni (coord.), Aline Cristina Vieira, Anna Clara Razvickas, Brenda T. M. Morais, Carla Bertinato, Daniela Lima, Danielle Modesto, Diego Carbone, Kátia S. Lopes Godoi, Lilian M. Kumai, Malvina Tomáz, Marília H. Lima, Paula Rubia Baltazar, Paula Teixeira, Raquel A. Taveira, Ricardo Miyake, Shirley Figueiredo Ayres, Tayra Alfonso e Thaise Rodrigues

Arte: Fernanda Costa da Silva (ger.), Catherine Saori Ishihara (coord.), Meyre Diniz e Veronica Yuri Onuki (edição de arte)

Diagramação: Arte4

Iconografia e tratamento de imagem: Roberta Bento (ger.), Claudia Bertolazzi (coord.), Cristina Akisino (pesquisa iconográfica) e Fernanda Crevin (tratamento de imagens)

Licenciamento de conteúdos de terceiros: Roberta Bento (ger.), Jenis Oh (coord.), Liliane Rodrigues, Raísa Maris Reina e Cristina Akisino (analistas de licenciamento)

Ilustrações: Biry Sarkis, Clarissa França, Felipe Câmelo, Filipe Rocha, Formato, Giz de Cera, Hélio Senatore, Ilustra Cartoon, Jean Galvão, Lie Kobayashi, Roberto Weigand e Vanessa Alexandre

Design: Erik Taketa (coord.) e Talita Guedes da Silva (proj. gráfico e capa)

Foto de capa: Sidorova Vera/Shutterstock, Marten_House/Shutterstock e Larissa Fernandez/Acervo da artista

Avenida Paulista, 901, 6º andar – Bela Vista
São Paulo – SP – CEP 01310-200
http://www.somoseducacao.com.br

Dados Internacionais de Catalogação na Publicação (CIP)

Cereja, William Roberto
Português linguagens 1º ano / William Roberto Cereja, Carolina Dias Vianna, Paula Baracat De Grande. - 8. ed. - São Paulo : Atual, 2021.

Suplementado pelo manual do professor
Bibliografia
ISBN 978-85-5769-233-6 (aluno)
ISBN 978-85-5769-238-1 (professor)

1. Lingua portuguesa (Ensino fundamental) I. Titulo II. Vianna, Carolina Dias III. De Grande, Paula Baracat

21-1094 CDD 372.6

Angélica Ilacqua – Bibliotecária – CRB-8/7057

2023
8ª edição
2ª impressão
De acordo com a BNCC.

Impressão e acabamento
Log&Print Gráfica, Dados Variavéis e Logística S.A.

Uma publicação SOMOS EDUCAÇÃO

APRESENTAÇÃO

CARO ESTUDANTE:

NÓS, AUTORES, ESCREVEMOS ESTE LIVRO PENSANDO EM VOCÊ.

VOCÊ QUE NÃO PASSA UM DIA SEM PERGUNTAR "POR QUÊ?".

VOCÊ QUE GOSTA DE BRINCAR, DE APRENDER, DE TROCAR IDEIAS COM OS AMIGOS SOBRE MIL ASSUNTOS, DE DAR OPINIÕES SOBRE TUDO...

VOCÊ QUE ESTÁ COMEÇANDO A PERCORRER O CAMINHO DAS PALAVRAS ESCRITAS E SE ENCANTA COM AS BONITAS HISTÓRIAS QUE OS LIVROS CONTAM, COM OS SONS DAS PALAVRAS NOS VERSOS E NÃO DISPENSA UMA HISTÓRIA EM QUADRINHOS.

VOCÊ QUE SE "LIGA" NO MUNDO, GOSTA DE LER, DE ESCREVER, DE OUVIR MÚSICA, DE ASSISTIR À TELEVISÃO E A FILMES E NÃO PERDE A OPORTUNIDADE DE NAVEGAR NA INTERNET.

E TAMBÉM VOCÊ QUE, CHEIO DE VIDA E IMAGINAÇÃO, ADORA PARTICIPAR DE UM TRABALHO DIFERENTE COM A TURMA: BRINCAR DIFERENTES TIPOS DE BRINCADEIRA, PRODUZIR UM LIVRO DE HISTÓRIAS, DESENHAR UMA HISTÓRIA EM QUADRINHOS, FAZER TEATRO DE FANTOCHES, DECLAMAR POEMAS, CANTAR, PESQUISAR SOBRE ASSUNTOS VARIADOS, MONTAR UMA EXPOSIÇÃO, ETC., ETC.

ESCREVEMOS ESTE LIVRO PENSANDO EM VOCÊ, QUE GOSTA DE SE COMUNICAR E, POR MEIO DA LEITURA E DA ESCRITA, PRETENDE APERFEIÇOAR SUA CAPACIDADE DE INTERAGIR COM AS PESSOAS E COM O MUNDO EM QUE VIVE.

UM ABRAÇO,
OS AUTORES

PARA TODOS OS PROFESSORES
E PROFESSORAS QUE
COMPARTILHAM O SONHO DE
EDUCAR E TRANSFORMAR.

AGRADECIMENTOS

AGRADECEMOS, COM UM CARINHO ESPECIAL, A NOÉ G. RIBEIRO, QUE EDITOU ESTA OBRA COM EMPENHO INCOMUM E COM INDISPENSÁVEIS SUGESTÕES; A MÔNICA RODRIGUES DE LIMA, PAULA JUNQUEIRA E FERNANDA VILANY, PELO APOIO INCONDICIONAL; A CRISTINA AKISINO, PELA CUIDADOSA E CRIATIVA PESQUISA ICONOGRÁFICA. E A TODOS OS PROFESSORES DO PAÍS QUE NOS ENVIARAM SUGESTÕES E CRÍTICAS.

SUMÁRIO

UNIDADE 1

VAI COMEÇAR A BRINCADEIRA!

VOCÊ GOSTA DE BRINCAR? COM QUEM VOCÊ BRINCA? ONDE? DO QUE VOCÊ GOSTA MAIS: DE BRINCAR OU DE VER TELEVISÃO? POR QUÊ? VOCÊ CONHECE BRINCADEIRAS QUE DIVERTEM COM O SOM E O SENTIDO DAS PALAVRAS?

Jean Galvão/Arquivo da editora

CORRE CUTIA

CORRE CUTIA
NA CASA DA TIA
CORRE CIPÓ
NA CASA DA AVÓ
LENCINHO NA MÃO
CAIU NO CHÃO
MOÇA BONITA
DO MEU CORAÇÃO

– POSSO JOGAR?
– PODE
– NINGUÉM VAI OLHAR?
– NÃO!

(Da tradição popular.)

DIVIRTA-SE... E FIQUE POR DENTRO!

Biry Sarkis/ Arquivo da editora

FILMES E VÍDEOS

Divulgação/Maria Farinha Filmes e Ludus Vídeos

- *TERRITÓRIO DO BRINCAR*, DE RENATA MEIRELLES E DAVID REEKS.
  COMO SERÁ QUE AS CRIANÇAS DO BRASIL BRINCAM? NESSE FILME, VOCÊ VAI CONHECER BRINCADEIRAS DA CIDADE, DO CAMPO, DA FLORESTA E DE TODAS AS PARTES DO NOSSO PAÍS.
- ASSISTA TAMBÉM AOS FILMES *SÍTIO DO PICAPAU AMARELO*, DE MÁRCIO TRIGO; *TOY STORY — UM MUNDO DE AVENTURA*; *TOY STORY II*, DE JOHN LASSETER; *TOY STORY III*, DE LEE UNKRICH; E *TOY STORY 4*, DE JOSH COOLEY.

MÚSICAS

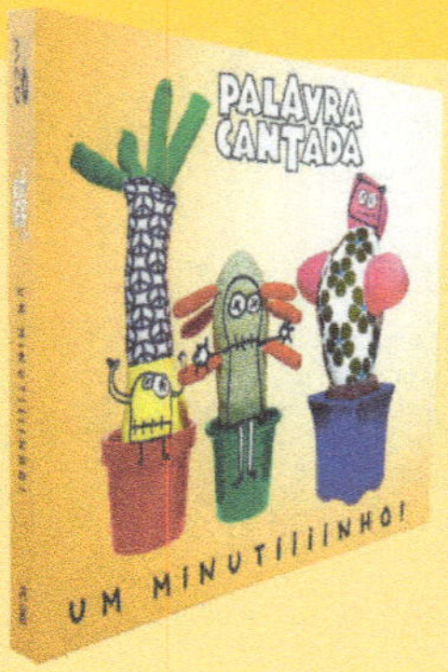

Divulgação/MCD

- OUÇA AS CANÇÕES DO CD *UM MINUTIIIINHO!*, DA DUPLA PALAVRA CANTADA.
- OUÇA TAMBÉM AS CANÇÕES DO CD *QUANDO EU CRESCER*, DO GRUPO ÉRAMOS TRÊS, DISPONÍVEL NO YOUTUBE: https://www.youtube.com/channel/UC1F4un_BgJ8Ri1qfkMC7t5A.

LIVROS

Formato/Arquivo da editora

VÁ À BIBLIOTECA DA ESCOLA OU À BIBLIOTECA DO BAIRRO OU DA CIDADE ONDE VOCÊ MORA E VEJA SE OS LIVROS INDICADOS A SEGUIR ESTÃO DISPONÍVEIS PARA EMPRÉSTIMO. SE NÃO ESTIVEREM, SELECIONE OUTROS SOBRE O TEMA DESTA UNIDADE.

- *CANÇÕES, PARLENDAS, QUADRINHAS, PARA CRIANÇAS NOVINHAS*, DE RUTH ROCHA (SALAMANDRA).
  ESSE É UM LIVRO CHEIO DE CANTIGAS, PARLENDAS E TROVAS PARA LER E BRINCAR. ESSES TEXTOS FAZEM PARTE DO FOLCLORE BRASILEIRO E VOCÊ VAI ADORAR CONHECÊ-LOS.
- LEIA TAMBÉM: *CANTEIRO — MÚSICAS PARA BRINCAR*, DE MARGARETH DAREZZO (ÁTICA); E *SE ESSA RUA FOSSE MINHA*, DE BEL LINARES E ALCY (FORMATO).

SITES

- mapadobrincar.folha.com.br
- palavracantada.com.br
- https://www.pequenocidadao.com/

OFICINA DE CRIAÇÃO

PROJETO: VEM BRINCAR VOCÊ TAMBÉM!

- PARTICIPE, NA ESCOLA, DE UM ENCONTRO PARA BRINCAR COM A FAMÍLIA E OS AMIGOS.

Jean Galvão/Arquivo da editora

CAPÍTULO 1

VEM BRINCAR COMIGO!

LEITURA DE IMAGEM

OBSERVE ESTA IMAGEM:

Ivan Cruz/Acervo do artista

BOLINHA DE SABÃO (2007), DE IVAN CRUZ.

EXPRESSÃO ORAL

RESPONDA ORALMENTE ÀS PERGUNTAS QUE O PROFESSOR VAI FAZER.

1 ABAIXO, HÁ CINCO DETALHES DA PINTURA. IDENTIFIQUE QUAIS SÃO ELES E LIGUE-OS A SEUS NOMES.

Imagens: Ivan Cruz/Acervo do artista

MENINA

COPO

CANUDO

CASA

BOLHA

2 ESCREVA O NOME DOS BRINQUEDOS:

Tanya_mtv/Shutterstock

Sergiy Kuzmin/Shutterstock

Donald Gargano/Shutterstock

Mega Pixel/Shutterstock

Shyamalamuralinath/Shutterstock

Bogdan Florea/Shutterstock

DE OLHO NA ORALIDADE: RECITANDO PARLENDA

BRINCAR COM PALAVRAS TAMBÉM É DIVERTIDO. VOCÊ JÁ BRINCOU COM PARLENDAS? COM A AJUDA DO PROFESSOR, LEIA A PARLENDA A SEGUIR. ELA É USADA PARA INICIAR UMA BRINCADEIRA DE PEGA-PEGA.

Jean Galvão/Arquivo da editora

(GRITA O PEGADOR:)
— PIQUE SERÁ!
(OS OUTROS RESPONDEM:)
— É DE MICO-CÓ!
— LARANJA DA CHINA!
— PIMENTA EM PÓ!
— PINTO QUE PIA!
— PI-RI-PI-PI!
— CÓ-CÓ-RÓ-CÓ!
— OLHA QUE TE PEGO!
— NÃO ÉS CAPAZ!
(E TODOS SAEM CORRENDO PARA FUGIR DO PEGADOR.)

(Da tradição popular.)

FALE VÁRIAS VEZES A PARLENDA ATÉ DECORAR. DEPOIS, COMBINE COM O PROFESSOR PARA TODOS IREM AO PÁTIO DA ESCOLA E BRINCAREM DE PEGA-PEGA. COMECEM A BRINCADEIRA COM A PARLENDA.

REFLEXÃO SOBRE A LINGUAGEM

DE OLHO NA LEITURA E NA ESCRITA: LINGUAGENS DO DIA A DIA

A PINTURA *BOLINHA DE SABÃO*, QUE VOCÊ VIU, É UMA IMAGEM. IMAGENS TAMBÉM SÃO LINGUAGEM E CONTAM HISTÓRIAS, ALERTAM, COMUNICAM E DIVERTEM.

LEIA ESTA HISTÓRIA EM QUADRINHOS:

Laerte/Acervo da artista

(Disponível em: https://fotografia.folha.uol.com.br/galerias/27434-tiras-de-laerte. Acesso em: 21/7/2020.)

RESPONDA ORALMENTE:

1. OBSERVE OS GESTOS DA MENINA DE MACACÃO LARANJA EM TODA A TIRINHA: O QUE ELES SIGNIFICAM?

2. O QUE ACONTECE QUANDO O MENINO DE CHAPÉU VERDE SOBE NO BRINQUEDO?

3. QUANDO O MENINO DE CHAPÉU VERDE E O MENINO DE CHAPÉU ROXO SUBIRAM NA GANGORRA, O QUE DEVERIA TER ACONTECIDO?

4. POR QUE O ÚLTIMO QUADRINHO DA HISTÓRIA SURPREENDE?

5 DE QUE AS CRIANÇAS ESTÃO BRINCANDO NA TIRINHA? ESCREVA:

Ilustra Cartoon/Arquivo da editora

6 QUEM VEM BRINCAR COM ELAS NO FINAL DA HISTÓRIA? DESENHE:

7 ESCREVA O NOME DO PERSONAGEM:

8 VOCÊ JÁ BRINCOU DE PROFISSÕES? JÁ PERCEBEU QUE AS ROUPAS TAMBÉM COMUNICAM? COM O PROFESSOR, ESCREVA O NOME DAS PROFISSÕES:

Mega Pixel/Shutterstock

Chad McDermott/Shutterstock

9 E DE MOTORISTA, VOCÊ JÁ BRINCOU? O QUE OS SINAIS ABAIXO INFORMAM? ESCREVA COM A AJUDA DO PROFESSOR:

Ilustrações: Thinkstock/Getty Images

10 VOCÊ JÁ SAIU PARA BRINCAR EM UM PARQUE OU EM UMA PRAÇA? IMAGINE QUE VOCÊ ESTEJA BRINCANDO EM UM PARQUE E VEJA AS SEGUINTES PLACAS: O QUE SIGNIFICA CADA UMA DELAS? ESCREVA COM A AJUDA DO PROFESSOR.

Rafael Berlandi/Shutterstock

WhiteMagic/Shutterstock

WhiteMagic/Shutterstock

11 AS PLACAS ABAIXO FORAM COLOCADAS EM UM PARQUE DE UMA GRANDE CIDADE. ASSOCIE O SIGNIFICADO DELAS COM A ESCRITA DA COLUNA:

Alexey Broslavets/Shutterstock

Kaspri/Shutterstock

Arcady/Shutterstock

JOGUE O LIXO NA LIXEIRA

PROIBIDO ARRANCAR PLANTAS

RESTAURANTE/ REFEITÓRIO

12 E DE CANTAR, VOCÊ JÁ BRINCOU? OUÇA A LETRA DA CANÇÃO QUE O PROFESSOR VAI LER:

A  FICOU DOENTE

E O  NEM LIGOU

O  INTELIGENTE

FOI CHAMAR SEU DOUTOR

(Bel Linares e Alcy. *Se essa rua fosse minha.* São Paulo: Formato, 2013. p. 27.)

AGORA, LIGUE AS PALAVRAS AOS DESENHOS:

GALO

GALINHA

PINTINHO

13 VOCÊ JÁ SAIU PARA PASSEAR EM MUSEUS? NA ENTRADA DE UM MUSEU, HÁ OS TRÊS SINAIS ABAIXO. RESPONDA ORALMENTE: O QUE NÃO SE PODE FAZER NESSE MUSEU?

jongcreative/Shutterstock

dmnkandsk/Shutterstock

Jomic/Shutterstock

14 VOCÊ CONHECE OS *EMOTICONS* OU *EMOJIS*, MUITO USADOS NA INTERNET? COM O AUXÍLIO DO PROFESSOR OU DE UM ADULTO, ESCREVA O SIGNIFICADO DE CADA UM:

Thinkstock/Getty Images

Thinkstock/Getty Images

Oberon/Shutterstock

BRINCANDO COM LINGUAGENS

1 COMUNICANDO SEM PALAVRAS.

Giz de Cera/Arquivo da editora

PARTICIPE DE UMA BRINCADEIRA. OUÇA AS EXPLICAÇÕES QUE O PROFESSOR VAI LER:

- A TURMA DEVE SER DIVIDIDA EM DOIS GRUPOS. UMA PESSOA É ESCOLHIDA OU SORTEADA PARA SER O LÍDER DA BRINCADEIRA.
- O LÍDER PREPARA UMA RELAÇÃO DE CINCO OBJETOS USADOS NA ESCOLA. DEPOIS, FICA NA FRENTE DA SALA. UM REPRESENTANTE DE UM DOS GRUPOS VAI ATÉ ELE E ESCUTA A PALAVRA QUE ELE FALAR BAIXINHO. DEPOIS VAI ATÉ O SEU GRUPO E TENTA TRANSMITIR A PALAVRA, MAS SEM FALAR OU EMITIR SONS. PODE UTILIZAR GESTOS, FAZER CARETAS, DESENHAR COM O DEDO NO AR. SE O GRUPO ACERTAR EM 3 MINUTOS, MARCA 1 PONTO.
- DEPOIS É A VEZ DO OUTRO GRUPO, QUE COMEÇA ENVIANDO SEU REPRESENTANTE ATÉ O LÍDER.

2 A TURMA DO MENINO MALUQUINHO TAMBÉM RESOLVEU BRINCAR DE MÍMICA. QUE BICHOS CADA UM DELES ESTÁ IMITANDO? DESCUBRA COM OS COLEGAS E O PROFESSOR E ESCREVA O NOME DOS BICHOS.

Imagens: © Ziraldo Alves Pinto/Acervo do cartunista

(Ziraldo. *Maluquinho por bichos*. São Paulo: Globo, 2006. 2ª e 3ª capas.)

3 OUÇA OS SONS DOS ANIMAIS QUE O PROFESSOR VAI APRESENTAR. TENTE ADIVINHAR QUE BICHO FAZ AQUELE SOM. RESPONDA ORALMENTE.

4 COMO VOCÊ PODERIA ESCREVER OS SONS DOS ANIMAIS? ESCOLHA UM DOS ANIMAIS QUE VOCÊ ADIVINHOU, FAÇA O DESENHO DELE E ESCREVA O SOM QUE ELE FAZ.

Ilustrações: Ilustra Cartoon/Arquivo da editora

5 MOSTRE PARA OS COLEGAS O GESTO QUE VOCÊ USA PARA COMUNICAR:

A) QUE ESTÁ COM SEDE.

B) QUE ESTÁ COM SONO.

C) QUE ESTÁ COM FOME.

D) QUE ESTÁ FELIZ.

Ilustra Cartoon/Arquivo da editora

PRODUÇÃO DE TEXTO

CRACHÁ E ETIQUETA

AO FINAL DESTA UNIDADE, VOCÊ E OS COLEGAS VÃO ORGANIZAR UM DIA DE BRINCADEIRAS COM SUAS FAMÍLIAS NA ESCOLA. PARA QUE TODOS SAIBAM O NOME UNS DOS OUTROS, VAMOS PRODUZIR CRACHÁS.

CRACHÁ

OBSERVE A ILUSTRAÇÃO ABAIXO. AGORA, RESPONDA ÀS PERGUNTAS QUE O PROFESSOR VAI FAZER.

Giz de Cera/Arquivo da editora

1. VOCÊ SABE QUAL É O NOME DO OBJETO QUE ESTÁ PENDURADO NO PESCOÇO DO MENINO?
2. O QUE ESTÁ ESCRITO NELE?
3. PARA QUE SERVE UM CRACHÁ?
4. COMO AS PESSOAS USAM O CRACHÁ?
5. EM QUE SITUAÇÕES O CRACHÁ É USADO?

AGORA É A SUA VEZ

RECORTE A PÁGINA 281. DEPOIS, ESCREVA SEU NOME NO LOCAL INDICADO. DOBRE O PAPEL NAS LINHAS PONTILHADAS E COLE AS PONTAS, CONFORME AS ILUSTRAÇÕES. PASSE O CORDÃO NO LOCAL INDICADO.

Giz de Cera/Arquivo da editora

EM CASA, ANTES DO DIA DE BRINCADEIRAS NA ESCOLA, PRODUZA UM CRACHÁ COM O NOME DO FAMILIAR QUE VAI ACOMPANHAR VOCÊ NO EVENTO.

QUE TAL FAZER UM CRACHÁ NO COMPUTADOR? SIGA AS ORIENTAÇÕES DO PROFESSOR. ESCREVA SEU NOME, DIGITANDO EM UM PROGRAMA DE COMPUTADOR. AUMENTE O TAMANHO DA LETRA. VOCÊ TAMBÉM PODE ALTERAR A COR DA LETRA. DEPOIS, IMPRIMA, RECORTE E FAÇA A AMARRAÇÃO PARA SEU CRACHÁ.

Giz de Cera/Arquivo da editora

ETIQUETA

O SEU MATERIAL ESCOLAR JÁ ESTÁ COM O SEU NOME? QUE TAL IDENTIFICAR A SUA AGENDA E TODO O SEU MATERIAL ESCOLAR?

Ilustra Cartoon/Arquivo da editora

NAS PÁGINAS 283 E 285, ESCREVA SEU NOME EM CADA UM DOS ESPAÇOS INDICADOS E DEPOIS RECORTE AS ETIQUETAS. COM A COLA, FIXE CADA ETIQUETA EM UM ITEM DE SEU MATERIAL ESCOLAR QUE AINDA NÃO ESTEJA IDENTIFICADO COM SEU NOME.

REGRAS DE CONVIVÊNCIA

LEIA ESTE POEMA COM A AJUDA DO PROFESSOR:

É MEU!
É MEU PORQUE É MEU,
PORQUE EU GANHEI,
PAPAI ME DEU.
ENTÃO, ME DÁ,
NÃO TE EMPRESTEI,
DEVOLVE JÁ,
SE É MEU, É MEU.
VOCÊ NÃO TEM,
AZAR O SEU.
MANHÊ, VEM CÁ!!
AI, AI, DOEU!!!

Biry Sarkis/Arquivo da editora

(Cláudio Thebas. *Amigos do peito*. São Paulo: Formato, 1996. p. 18.)

RESPONDA ORALMENTE:

1. QUEM ESTÁ BRIGANDO NO POEMA?
2. QUAL É O MOTIVO DA BRIGA?
3. NA SUA OPINIÃO, QUEM ESTAVA ERRADO? POR QUÊ?
4. COMO TERMINOU A BRIGA? COMO VOCÊ SABE DISSO?

ÀS VEZES, ATÉ PESSOAS QUE SE GOSTAM MUITO, COMO DOIS IRMÃOS, ACABAM BRIGANDO POR MOTIVOS BOBOS.

VOCÊ JÁ IMAGINOU, ENTÃO, O QUE PODE ACONTECER NA SALA DE AULA? PODE SER QUE ALGUÉM PEGUE DO COLEGA, SEM PERMISSÃO, UMA BORRACHA OU UM LÁPIS DE COR, E AÍ COMEÇA A BRIGA.

AGORA QUE VOCÊ JÁ SE APRESENTOU PARA A TURMA E TODOS JÁ SABEM QUEM VOCÊ É E QUAL É O SEU NOME, É HORA DE COMBINAR COM OS COLEGAS ALGUMAS REGRAS DE CONVIVÊNCIA.

CRIANDO REGRAS

COM A ORIENTAÇÃO DO PROFESSOR, CONSTRUA COM OS COLEGAS DA TURMA AS REGRAS DE BOA CONVIVÊNCIA ENTRE VOCÊS. VEJA ALGUMAS SUGESTÕES:

Giz de Cera/Arquivo da editora

- A BOA EDUCAÇÃO: CUMPRIMENTAR, SE DESPEDIR, PEDIR DESCULPAS
- O EMPRÉSTIMO DE MATERIAIS, O USO DE CADEIRAS, ETC.
- COMO TRATAR OS COLEGAS
- A HORA DE FALAR E DE OUVIR DURANTE A AULA
- O LIXO NA SALA DE AULA
- O RESPEITO AOS COLEGAS E ÀS OPINIÕES DELES
- O RESPEITO AO PROFESSOR E AOS DEMAIS FUNCIONÁRIOS DA ESCOLA
- O RESPEITO ÀS INSTALAÇÕES DA ESCOLA

DEPOIS QUE TODOS COMBINAREM AS REGRAS, PASSEM A LIMPO EM CARTOLINAS E AFIXEM NAS PAREDES DA SALA.

DIVIRTA-SE

Adão Iturrusgarai/Acervo do cartunista

(Disponível em: https://www1.folha.uol.com.br/folhinha/2016/04/1758884-voce-ja-teve-alguma-reviravolta-na-vida-tirinha-mostra-esses-momentos.shtml?origin=folha. Acesso em: 15/9/2020.)

CAPÍTULO 2

BRINCADEIRAS DE HOJE E SEMPRE

LEITURA

EXISTEM BRINCADEIRAS QUE SÃO MUITO ANTIGAS, COMO AS ADIVINHAS. VOCÊ CONHECE ALGUMA? ACOMPANHE A LEITURA QUE O PROFESSOR VAI FAZER DAS ADIVINHAS E ENCONTRE AS RESPOSTAS.

TEXTO 1

O QUE É, O QUE É?
TEM MÃOS
MAS NÃO TEM BRAÇOS?

(Domínio público.)

Biry Sarkis/Arquivo da editora

RESOLVA A ADIVINHA:

TEXTO 2

O QUE É? O QUE É?
ANDA COM OS PÉS
NA CABEÇA?

(Domínio público.)

Biry Sarkis/Arquivo da editora

RESOLVA A ADIVINHA:

A PETECA TAMBÉM É UM BRINQUEDO ANTIGO. LEIA O TEXTO A SEGUIR OU ACOMPANHE A LEITURA QUE O PROFESSOR VAI FAZER.

TEXTO 3

O VENTO LEVOU...

LEVA A PETECA,
VENTO LEVADO.
A PENA É LEVE
PARA VOAR.
VAI A PETECA,
LIVRE NO VENTO:
É UM PASSARINHO
SOLTO NO AR.

Jean Galvão/Arquivo da editora

(Maria da Graça Rios. *Chuva choveu*. 2. ed. Belo Horizonte: Miguilim, 1991. p. 16.)

1. QUEM LEVA A PETECA?

2. POR QUE O VENTO É CHAMADO DE LEVADO?

3. VOCÊ JÁ BRINCOU DE PETECA? DESENHE UMA PETECA.

4 POR QUE A PETECA TEM PENAS?

5 NO POEMA, COM O QUE A PETECA SE PARECE, LIVRE NO AR?

6 A PALAVRA **PETECA** APARECE DUAS VEZES NO POEMA. PINTE ESSA PALAVRA NO POEMA COM LÁPIS DE COR.

Jean Galvão/Arquivo da editora

7 QUAL É A LETRA QUE INICIA A PALAVRA **PETECA**? ESCREVA-A:

8 PINTE, COM OUTRA COR, OUTRAS TRÊS PALAVRAS QUE COMEÇAM COM A MESMA LETRA.

9 ESCREVA NOMES DE OUTROS BRINQUEDOS QUE COMEÇAM COM A MESMA LETRA.

TROCANDO IDEIAS

1 VOCÊ TEM ALGUM BRINQUEDO ANTIGO, QUE ERA DE UM FAMILIAR SEU? SE SIM, QUE BRINQUEDO É ESSE E DE QUEM ELE ERA? CONTE PARA OS COLEGAS.

2 VOCÊ GOSTA MAIS DE BRINCAR COM BRINQUEDOS ANTIGOS, QUE JÁ EXISTEM HÁ MUITO TEMPO, OU COM BRINQUEDOS NOVOS, INVENTADOS HÁ POUCO TEMPO? POR QUÊ?

DE OLHO NA ORALIDADE: DECLAMANDO VERSOS, CANTANDO CANTIGA

AS PARLENDAS, OS TRAVA-LÍNGUAS, AS TROVINHAS E AS CANTIGAS SÃO TEXTOS DA TRADIÇÃO ORAL, ISTO É, FORAM CRIADOS HÁ MUITO TEMPO E SÃO TRANSMITIDOS ORALMENTE, DE PAIS PARA FILHOS E DE CRIANÇA PARA CRIANÇA.

1 DECLAMANDO VERSOS

ACOMPANHE A LEITURA QUE O PROFESSOR VAI FAZER DESTAS DUAS TROVAS. DEPOIS, TENTE MEMORIZÁ-LAS E DECLAME-AS COM TODA A TURMA.

EU SOU PEQUENININHA
DO TAMANHO DE UM BOTÃO.
CARREGO PAPAI NO BOLSO
E MAMÃE NO CORAÇÃO.

(Da tradição popular.)

Ilustrações: Jean Galvão/Arquivo da editora

BATATINHA QUANDO NASCE,
ESPARRAMA PELO CHÃO.
A MENINA QUANDO DORME,
PÕE A MÃO NO CORAÇÃO.

(Da tradição popular.)

2 CANTANDO CANTIGA

VOCÊ CONHECE A CANTIGA "CIRANDA, CIRANDINHA"? VAMOS CANTÁ-LA COM A TURMA? PRIMEIRO, ACOMPANHE A LEITURA QUE O PROFESSOR VAI FAZER DA LETRA. DEPOIS, OUÇA A CANTIGA GRAVADA. EM SEGUIDA, FORME UM CÍRCULO COM OS COLEGAS, DEEM AS MÃOS E GIREM PARA A DIREITA, CANTANDO:

CIRANDA, CIRANDINHA,
VAMOS TODOS CIRANDAR,
VAMOS DAR A MEIA-VOLTA,
VOLTA E MEIA VAMOS DAR.

O ANEL QUE TU ME DESTE
ERA VIDRO E SE QUEBROU.
O AMOR QUE TU ME TINHAS
ERA POUCO E SE ACABOU.

POR ISSO, DONA/SEU...
ENTRE DENTRO DESTA RODA,
DIGA UM VERSO BEM BONITO,
DIGA ADEUS E VÁ-SE EMBORA.

(Da tradição popular.)

Jean Galvão/ Arquivo da editora

REFLEXÃO SOBRE A LINGUAGEM

DE OLHO NA LEITURA E NA ESCRITA: O ALFABETO

COM O AUXÍLIO DO PROFESSOR, LEIA A TROVINHA A SEGUIR:

EU AMO A LETRA ______________.

POR ELA TENHO PAIXÃO;

COM ELA É QUE SE ESCREVE

____________________ DO MEU CORAÇÃO.

Jean Galvão/Arquivo da editora

1 COMPLETE AS LACUNAS DA TROVINHA:

A) ESCREVENDO A LETRA INICIAL DO NOME DE QUEM VOCÊ GOSTA.

B) ESCREVENDO, DEPOIS, O NOME DE QUEM VOCÊ GOSTA.

2 QUE PESSOA DA SALA TAMBÉM TEM O NOME INICIADO PELA LETRA QUE VOCÊ ESCREVEU NA TROVINHA? ESCREVA O NOME DELA.

AO ESCREVER O NOME DA PESSOA DE QUEM VOCÊ GOSTA, VOCÊ USOU VÁRIAS LETRAS.

NO PORTUGUÊS, EXISTEM 26 LETRAS. O CONJUNTO DAS LETRAS QUE UTILIZAMOS É CHAMADO DE ALFABETO.

ESTE É O NOSSO ALFABETO. LEIA-O COM O PROFESSOR:

Ilustrações: Ilustra Cartoon/ Arquivo da editora

1 ESCREVA O SEU PRIMEIRO NOME.

2 CONTE: QUANTAS LETRAS TEM O SEU NOME?

3 ESCREVA A PRIMEIRA LETRA DO SEU NOME.

Giz de Cera/Arquivo da editora

4 ESCREVA A ÚLTIMA LETRA DO SEU NOME.

5 ESCREVA O NOME DE UMA PESSOA DA TURMA INICIADO COM A MESMA LETRA QUE INICIA O SEU.

6 ESCREVA O NOME DO SEU PROFESSOR OU DA SUA PROFESSORA.

7 ESCREVA O NOME DA PERSONAGEM DA TURMA DA MÔNICA QUE APARECE AO LADO.

Mauricio de Sousa/Mauricio de Sousa Produções Ltda.

8 COMPLETE O ALFABETO COM AS LETRAS QUE ESTÃO FALTANDO:

Ilustrações: Ilustra Cartoon/Arquivo da editora

9 CIRCULE AS LETRAS QUE SÃO USADAS PARA ESCREVER SEU NOME.

10 COMPLETE O NOME DE CADA UM DESTES BRINQUEDOS:

Ilustrações: Ilustra Cartoon/Arquivo da editora

____ALÃO

____IPA

____ATINETE

BRINCANDO COM PALAVRAS

1 VAMOS BRINCAR DE ADIVINHAS?

A) O QUE É, O QUE É? ESTÁ EM TUDO E NADA TEM.

RESPOSTA: ____________________

B) O QUE É, O QUE É? TEM BARBA E NÃO É BODE, TEM DENTE E NÃO MORDE?

RESPOSTA: ____________________

C) O QUE É, O QUE É? QUANDO PARTE UMA, PARTEM AS DUAS; QUANDO CHEGA UMA, CHEGAM AS DUAS.

RESPOSTA: ____________________

Ilustrações: Jean Galvão/Arquivo da editora

2 LIGUE AS LETRAS, SEGUINDO A ORDEM EM QUE ELAS APARECEM NO ALFABETO. VOCÊ VAI DESCOBRIR UM BRINQUEDO ANTIGO, MUITO CONHECIDO E APRECIADO PELAS CRIANÇAS ATÉ HOJE.

Ilustra Cartoon/Arquivo da editora

3 ESCREVA O NOME DO BRINQUEDO ENCONTRADO NO EXERCÍCIO:

ACOMPANHE A LEITURA QUE O PROFESSOR VAI FAZER DA LETRA DA CANÇÃO. DEPOIS, OUÇA A REPRODUÇÃO DESSA CANÇÃO.

AQUECIMENTO

VVVV VENTO
SSSS SAPO
J J J J JATO
TTTT TEMPO
XXXX CHATO
FFFF FATO
MMMM MESA
NNNN NATO
ZZZZ ZEBRA
CCCC CATO
QUE BALAIO DE GATO!
NARIZ DE CARRAPATO

(Fernanda Sander. *In*: Éramos três. CD *Quando eu crescer*. Belo Horizonte, 2009.)

Biry Sarkis/Arquivo da editora

4 OBSERVE ESTAS PALAVRAS DO TEXTO:

JATO FATO CATO GATO

A) QUANTAS LETRAS CADA UMA DELAS TEM?

B) QUAL É A PALAVRA QUE ESTÁ DENTRO DE TODAS AS PALAVRAS?

5 BRINQUE DE IMITAR OS ANIMAIS QUE VOCÊ VÊ ABAIXO. DEPOIS, ESCREVA O NOME DELES.

smereka/Shutterstock

Osetrik/Shutterstock

6 VAMOS PARTICIPAR DE UM JOGO EM GRUPO?

TABULEIRO ALFABÉTICO

- FORME COM OS COLEGAS UM GRUPO DE 4 JOGADORES.
- PEGUEM O LIVRO DE UM DOS PARTICIPANTES E RECORTEM AS CARTAS COM DESENHO DE BRINQUEDOS E BRINCADEIRAS DAS PÁGINAS 295 E 297.
- COLOQUEM AS CARTAS EM UM SACO.
- RECORTEM TAMBÉM O TABULEIRO DA PÁGINA 293.
- PEGUEM UMA FOLHA DE PAPEL E UM LÁPIS, ESCREVAM NELA O NOME DE CADA JOGADOR E MARQUEM OS PONTOS.
- OUÇAM AS REGRAS QUE O PROFESSOR VAI LER.

Ilustrações: Ilustra Cartoon/Arquivo da editora

PRODUÇÃO DE TEXTO

AO FINAL DESTA UNIDADE, VOCÊ E OS COLEGAS VÃO PARTICIPAR DE UM DIA DE BRINCADEIRAS NA ESCOLA COM AS FAMÍLIAS. PARA PLANEJAR ESSE EVENTO, VAMOS PESQUISAR QUAIS SÃO OS BRINQUEDOS E AS BRINCADEIRAS DE QUE SEUS FAMILIARES GOSTAVAM NA INFÂNCIA.

ESCOLHA UMA PESSOA DA FAMÍLIA E ACOMPANHE COM ELA O QUESTIONÁRIO A SEGUIR. MARQUE COM UM X AS RESPOSTAS DO ENTREVISTADO.

hana honoka/Shutterstock

NOME DO ENTREVISTADO:

IDADE ATUAL:

1. QUAL DESTES BRINQUEDOS ERA SEU PREFERIDO?

- ( ) BOLA
- ( ) PIPA
- ( ) PIÃO
- ( ) BONECA
- ( ) PETECA

2. VOCÊ COSTUMAVA ANDAR DE:

- ( ) BICICLETA
- ( ) *SKATE*
- ( ) PATINS
- ( ) PATINETE

3. QUAL DESTAS BRINCADEIRAS ERA SUA PREFERIDA?

- ( ) MORTO-VIVO
- ( ) MÃE DA RUA
- ( ) AMARELINHA
- ( ) PEGA-PEGA
- ( ) ESCONDE-ESCONDE

4. QUAL DESTES JOGOS ERA SEU PREFERIDO?

- ( ) TACO OU *BETS*
- ( ) MÍMICA
- ( ) QUEIMADA
- ( ) PASSA-ANEL

5. INDIQUE OUTRO BRINQUEDO OU BRINCADEIRA DA SUA INFÂNCIA:

6. VOCÊ AINDA GOSTA DE BRINCAR? DE QUÊ?

( ) SIM ( ) NÃO

APÓS REALIZAR A PESQUISA, COMPARTILHE AS RESPOSTAS COM A TURMA.

QUAIS BRINQUEDOS E BRINCADEIRAS FORAM OS MAIS ESCOLHIDOS PELOS ENTREVISTADOS?

COM O PROFESSOR, CONTE QUANTAS VEZES CADA UM FOI ESCOLHIDO E PRODUZAM, COM A COLABORAÇÃO DE TODOS OS COLEGAS, UM GRÁFICO PARECIDO COM ESTE:

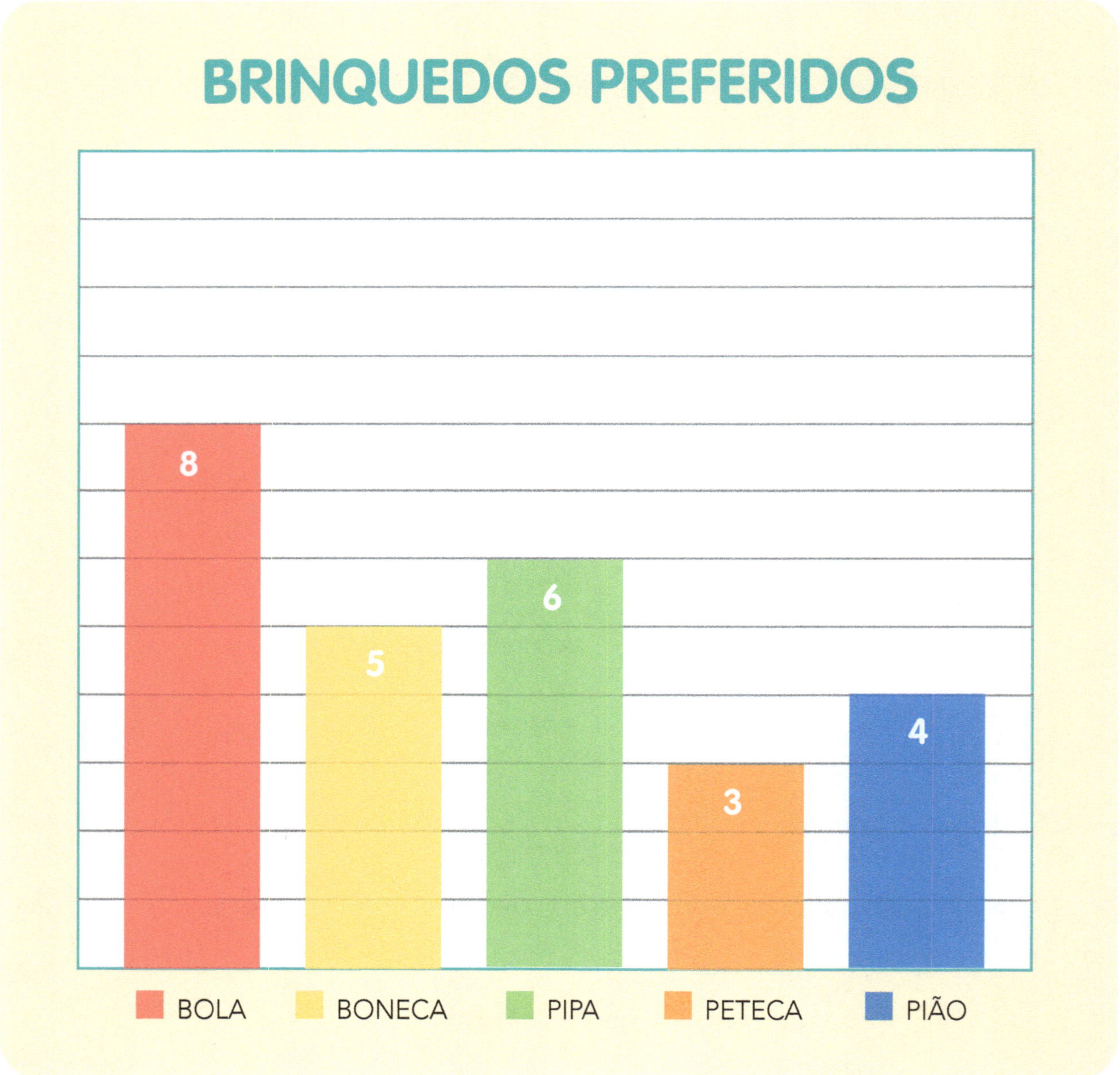

NO DIA DO EVENTO, OS ALUNOS PODERÃO TRAZER OS BRINQUEDOS E REALIZAR AS BRINCADEIRAS CITADOS NA PESQUISA.

DIVIRTA-SE

MAURICIO DE SOUSA CRIOU A PINTURA ABAIXO A PARTIR DE OUTRA. MARQUE QUAL FOI COM UM X.

CHICO LAVRADOR DE CAFÉ (1987), DE MAURICIO DE SOUSA.

O LAVRADOR DE CAFÉ (1934), DE CANDIDO PORTINARI.

O HOMEM COM A ENXADA (1860-1862), DE JEAN-FRANÇOIS MILLET.

JARDINEIRO (1885), DE PAUL CÉZANNE.

CAPÍTULO 3

BRINCAR NÃO TEM IDADE!

VAMOS BRINCAR DE POESIA? OUÇA A LEITURA QUE O PROFESSOR VAI FAZER DO POEMA E COMPLETE AS LACUNAS COM AS PALAVRAS QUE FALTAM. DEPOIS, LEIA O POEMA NOVAMENTE.

LEITURA

Jean Galvão/Arquivo da editora

TEXTO 1

CONVITE

POESIA
É BRINCAR COM PALAVRAS
COMO SE BRINCA
COM ____________, PAPAGAIO, PIÃO.

SÓ QUE
____________, PAPAGAIO, PIÃO
DE TANTO BRINCAR
SE GASTAM.

AS PALAVRAS NÃO:
QUANTO MAIS SE BRINCA
COM ELAS
MAIS ____________ FICAM.

COMO A ÁGUA DO RIO
QUE É ÁGUA SEMPRE ____________.

COMO CADA ____________

QUE É SEMPRE UM NOVO ____________.

VAMOS BRINCAR DE ____________?

(José Paulo Paes. *Poemas para brincar*. 2. ed. São Paulo: Ática, 1991.)

1 COM O QUE SE PARECEM AS PALAVRAS QUE SÃO SEMPRE NOVAS? MARQUE COM UM X UMA OU MAIS OPÇÕES.

( ) BOLA

( ) PIÃO

( ) O DIA

( ) A ÁGUA DO RIO

2 PARA O POETA, POESIA É UMA BRINCADEIRA:

( ) COM BRINQUEDOS.

( ) COM CRIANÇAS.

( ) COM PALAVRAS.

QUEM É JOSÉ PAULO PAES?

JOSÉ PAULO PAES (1926-1998) NASCEU EM TAQUARITINGA, INTERIOR DE SÃO PAULO. ESTUDOU QUÍMICA E TRABALHOU EM UM LABORATÓRIO FARMACÊUTICO POR MUITOS ANOS, ATÉ QUE RESOLVEU ESCREVER POEMAS, PRIMEIRO PARA OS ADULTOS E DEPOIS PARA AS CRIANÇAS. TAMBÉM TRABALHOU COM EDIÇÃO DE LIVROS E TRADUÇÕES. ENTRE SUAS OBRAS PARA CRIANÇAS, ESTÃO *POEMAS PARA BRINCAR* E *UMA LETRA PUXA OUTRA*.

Celso Junior/Agência Estado

3 O POEMA TEM ALGUMAS RIMAS, ISTO É, PALAVRAS COM SOM PARECIDO NO FINAL DAS LINHAS. LIGUE AS PALAVRAS DO POEMA QUE RIMAM:

PIÃO	DIA
POESIA	NÃO

4 LIGUE O NOME DO BRINQUEDO À FIGURA COM UM TRAÇO:

BICICLETA

PATINS

CORDA

PIPA

PATINETE

Ilustrações: Ilustra Cartoon/ Arquivo da editora

VOCÊ SABIA QUE O PAPAGAIO TAMBÉM TEM OUTRO NOME? DESCUBRA O OUTRO NOME DO PAPAGAIO E FAÇA UM CÍRCULO EM VOLTA DA PALAVRA.

5 VAMOS BRINCAR DE RIMAR? RESPONDA ÀS PERGUNTAS E ENCONTRE PALAVRAS QUE RIMAM:

RIO RIMA COM:

Ilustrações: Ilustra Cartoon/Arquivo da editora

QUEM É O IRMÃO DO SEU PAI OU DA SUA MÃE?

BOLA RIMA COM:

O QUE VOCÊ USA PARA JUNTAR DOIS PEDAÇOS DE PAPEL?

VOCÊ SABIA QUE HÁ PALAVRAS QUE TRAVAM, PRENDEM E ENROSCAM NOSSA LÍNGUA? E QUE TAMBÉM PODEMOS BRINCAR COM ELAS? É A BRINCADEIRA DOS TRAVA-LÍNGUAS! ACOMPANHE A LEITURA DO PROFESSOR, OUÇA AS GRAVAÇÕES E ASSISTA AOS VÍDEOS COM TRAVA-LÍNGUAS.

SERÁ QUE VOCÊ CONSEGUE DIZER EM VOZ ALTA OS TRAVA-LÍNGUAS A SEGUIR? VAMOS LÁ...

TEXTO 2

UM TIGRE
DOIS TIGRES
TRÊS TIGRES

Jean Galvão/Arquivo da editora

Jean Galvão/Arquivo da editora

TEXTO 3

— ALÔ! O TATU TÁ?
— NÃO, O TATU NÃO TÁ.
MAS A MULHER DO TATU TANDO
É O MESMO QUE O TATU TÁ.

TEXTO 4

OLHA O SAPO DENTRO DO SACO!
O SACO COM O SAPO DENTRO.
O SAPO BATENDO PAPO
E O PAPO SOLTANDO VENTO.

Jean Galvão/Arquivo da editora

(Maria José Nóbrega e Rosane Pamplona, org. *Enrosca ou desenrosca? — Adivinhas, trava-línguas e outras enroscadas*. São Paulo: Moderna, 2005. p. 32, 36 e 43.)

6 ESCREVA:

A) O NOME DO BICHO QUE SE REPETE NO PRIMEIRO TRAVA-LÍNGUA.

B) O NOME DO BICHO QUE SE REPETE NO SEGUNDO TRAVA-LÍNGUA.

7 COMPARE ESTAS PALAVRAS:

SACO SAPO

PINTE A ÚNICA LETRA DIFERENTE NAS PALAVRAS.

8 COMPARE ESTAS OUTRAS DUAS PALAVRAS:

PAPO SAPO

PINTE A PARTE QUE É IGUAL NAS DUAS PALAVRAS.

Jean Galvão/Arquivo da editora

9 TENTE FALAR RÁPIDO ESTE OUTRO TRAVA-LÍNGUA:

O PELO DO PEITO DO PÉ DO PEDRO É PRETO.

AGORA, COMPARE ESTAS PALAVRAS:

PÉ PELO PEDRO

A) QUAIS SÃO AS DUAS LETRAS QUE ESTÃO NAS TRÊS PALAVRAS? ESCREVA-AS:

B) ESCREVA OUTRA PALAVRA QUE COMEÇA COM ESSAS DUAS LETRAS.

DE OLHO NA ORALIDADE: BRINCANDO COM TRAVA-LÍNGUAS

VOCÊ CONHECE OUTROS TRAVA-LÍNGUAS? SE CONHECE, DESAFIE OS COLEGAS A REPETI-LOS. SE NÃO CONHECE, APRENDA COM SEUS PAIS, AVÓS OU RESPONSÁVEIS. DEPOIS, REPITA-OS PARA OS COLEGAS.

QUE TAL PREPARAR BRINCADEIRAS COM PALAVRAS PARA O DIA DE BRINCADEIRAS COM AS FAMÍLIAS NA ESCOLA?

SELECIONEM 2 OU 3 TRAVA-LÍNGUAS. REPITAM JUNTOS. DEPOIS, COM A AJUDA DO PROFESSOR, REGISTREM OS TRAVA-LÍNGUAS EM CARTAZES. VOCÊS PODEM EXPOR OS CARTAZES NO DIA DE BRINCADEIRAS COM AS FAMÍLIAS E DESAFIAR SEUS CONVIDADOS A LER E REPETIR.

LEIA A TIRA COM O AUXÍLIO DOS COLEGAS E DO PROFESSOR:

TEXTO 5

(Bill Watterson. *Tem alguma coisa babando embaixo da cama — As aventuras de Calvin e Haroldo.* 2. ed. São Paulo: Conrad Editora do Brasil, 2010. p. 119.)

RESPONDA ORALMENTE:

1 QUE SOM A PALAVRA **TRIM** IMITA NA TIRINHA?

2 O QUE CALVIN FAZ AO OUVIR O TELEFONE TOCAR?

3 POR QUE ELE FAZ ISSO?

4 OBSERVE O TELEFONE DA TIRINHA. ELE SE PARECE COM OS TELEFONES E CELULARES QUE VOCÊ E SEUS FAMILIARES UTILIZAM?

5 COMO VOCÊ COSTUMA CONVERSAR COM PESSOAS QUE ESTÃO LONGE? MARQUE COM UM X UMA OU MAIS OPÇÕES:

- ◯ VOCÊ FAZ LIGAÇÕES POR TELEFONE.
- ◯ VOCÊ FAZ LIGAÇÕES DE VÍDEO POR CELULAR.
- ◯ VOCÊ MANDA MENSAGENS GRAVADAS PELO CELULAR.
- ◯ VOCÊ MANDA MENSAGENS ESCRITAS PELO CELULAR.

TROCANDO IDEIAS

1 VOCÊ JÁ USOU UM CELULAR PARA FAZER ALGUMA DESTAS ATIVIDADES: TELEFONAR PARA AS PESSOAS, MANDAR MENSAGENS, ASSISTIR A VÍDEOS, GRAVAR VÍDEOS, TIRAR FOTOGRAFIAS? VOCÊ TEM O HÁBITO DE USAR O CELULAR?

2 MUITAS CRIANÇAS GOSTAM DE BRINCAR COM JOGOS ELETRÔNICOS. VOCÊ JÁ JOGOU ESSE TIPO DE JOGO? DO QUE VOCÊ GOSTA MAIS NELES? E DO QUE NÃO GOSTA?

3 VOCÊ JÁ BRINCOU DE TELEFONE DE LATA? OBSERVE AS INSTRUÇÕES A SEGUIR. CONFECCIONE UM DESSES E BRINQUE COM OS COLEGAS.

FAZENDO UM TELEFONE DE LATA

A) VOCÊ VAI PRECISAR DE BARBANTE E DUAS LATAS. AS LATAS DEVEM ESTAR SEM A TAMPA DE UM DOS LADOS E TER, NO FUNDO, UM FURO NO CENTRO.

B) CORTE UM PEDAÇO DE BARBANTE COM 3 A 4 METROS.

C) PASSE UMA PONTA DO BARBANTE PELO FURO DO FUNDO DE UMA DAS LATAS E DÊ UM NÓ. FAÇA O MESMO COM A OUTRA PONTA DO BARBANTE, USANDO A OUTRA LATA.

D) PARA FALAR, APROXIME A BOCA DA ABERTURA DE UMA DAS LATAS. PARA OUVIR, APROXIME DO OUVIDO A ABERTURA DA OUTRA LATA.

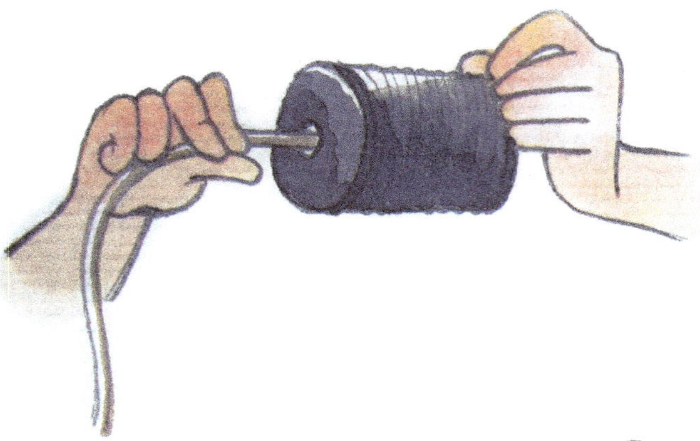

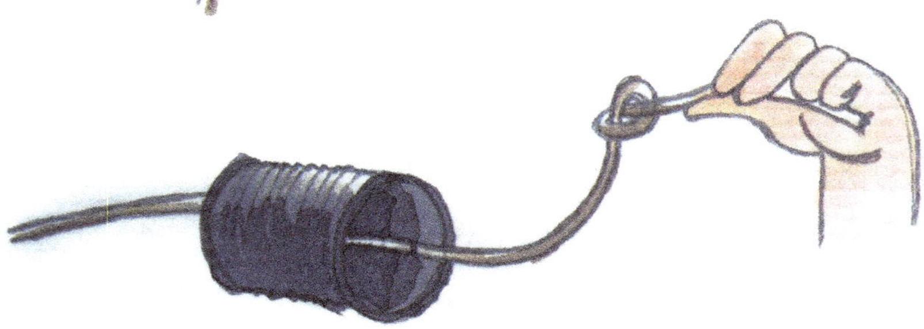

Ilustrações: Clarissa França/Arquivo da editora

REFLEXÃO SOBRE A LINGUAGEM

DE OLHO NA LEITURA E NA ESCRITA: A ORDEM ALFABÉTICA

ACOMPANHE A LEITURA QUE O PROFESSOR VAI FAZER DE UM TEXTO COM SUGESTÕES DE BRINCADEIRAS PARA SE DIVERTIR COM OS PAIS EM UM DIA LIVRE.

ABC DAS BRINCADEIRAS

[...]

SELECIONAMOS BRINCADEIRAS PARA VOCÊS CURTIREM JUNTOS, COM DUAS, TRÊS OU MAIS PESSOAS — NÃO ESQUEÇA DE CHAMAR OS AMIGOS! APROVEITE OS CANTOS LIVRES DA CASA, O QUINTAL, O PLAYGROUND OU OS PARQUES DA CIDADE. CONFIRA:

— AMARELINHA
— BANHO NAS BONECAS
— CORRE-CUTIA
— DANÇA
— ESCONDE-ESCONDE
— FOGUINHO
— GATO-MIA
— HORA DE PINTAR
— IMITAR BICHOS
— JARDINAGEM
— LIVROS, LIVROS E MAIS LIVROS
— MÃE DA RUA
— NAVEGAR É PRECISO
— OVO NA COLHER
— PESCARIA
— QUEIMADA
— RABO DE BURRO
— SACO DE CORRIDA
— TEATRO
— UNHAS
— VELHA, O JOGO
— XADREZ

Biry Sarkis/Arquivo da editora

(Angela Senra. Abc das brincadeiras. Revista *Crescer*. Disponível em: http://revistacrescer.globo.com/Revista/Crescer/0,,EMI7798-10528,00-ABC+DAS+BRINCADEIRAS.html. Acesso em: 15/9/2020.)

1. PINTE A LETRA INICIAL DO NOME DE CADA BRINCADEIRA.

2. RELEIA O TÍTULO DO TEXTO E OBSERVE AS LETRAS QUE VOCÊ PINTOU. O QUE VOCÊ DESCOBRIU? RESPONDA ORALMENTE.

3. POR QUE O TEXTO SE CHAMA "ABC DAS BRINCADEIRAS"? RESPONDA ORALMENTE.

4. FORAM APRESENTADAS BRINCADEIRAS COM TODAS AS LETRAS DO ALFABETO? ______

5. QUAIS SÃO AS LETRAS QUE ESTÃO FALTANDO? ______

6. MARQUE COM UM X A BRINCADEIRA A SEGUIR QUE TEM A LETRA INICIAL DIFERENTE.

( ) PULA-SACO
( ) MÃE DA RUA
( ) PEGA-PEGA
( ) PIQUE-ESCONDE

7. PONHA NA ORDEM CORRETA AS LETRAS DO NOME DESTES BRINQUEDOS:

Stratos Giannikos/Shutterstock

Jiang Hongyan/Shutterstock

tartaruga1988/Shutterstock

TOGÃBO	CATEPE	MADAS

8 AGORA, COLOQUE EM ORDEM ALFABÉTICA OS BRINQUEDOS QUE VOCÊ DESCOBRIU NA QUESTÃO ANTERIOR.

OBSERVE A FIGURA ABAIXO. CADA VAGÃO DO TRENZINHO LEVA UM BRINQUEDO DIFERENTE. E EM CADA VAGÃO APARECE A LETRA INICIAL DO NOME DO BRINQUEDO. PORÉM, EM ALGUNS VAGÕES, ESQUECERAM DE PINTAR A LETRA.

Jeann Galvão/Arquivo da editora

9 PARA O ALFABETO FICAR COMPLETO, ESCREVA NOS VAGÕES DO TRENZINHO AS LETRAS QUE FALTAM.

10 AS LETRAS ABAIXO ESTÃO EM ORDEM ALFABÉTICA.

A) ASSOCIE CADA LETRA COM O BRINQUEDO INICIADO POR ESSA LETRA:

A

Photology1971/Shutterstock

B

Lev Kropotov/Shutterstock

C

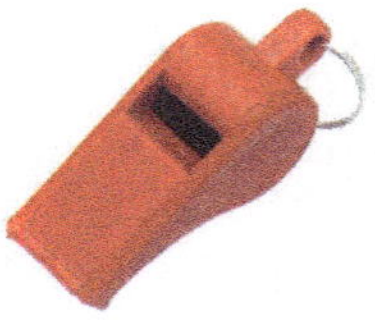
Kanghophoto/Shutterstock

D

Michael Dechev/Shutterstock

B) AGORA ESCREVA, EM ORDEM ALFABÉTICA, O NOME DOS BRINQUEDOS OU DAS BRINCADEIRAS.

BRINCANDO COM PALAVRAS

1. JUNINHO VAI FAZER ANIVERSÁRIO, MAS AINDA NÃO SABE O QUE VAI GANHAR. DESCUBRA QUAL VAI SER O PRESENTE DELE. PARA ISSO, LIGUE AS LETRAS NA ORDEM ALFABÉTICA.

Ilustra Cartoon/Arquivo da editora

2 VOCÊ GOSTA DE BRINCAR DE FORCA? ENTÃO, PRIMEIRO, DESENHE A FORCA AO LADO. DEPOIS, JUNTE-SE A UM COLEGA PARA PARTICIPAR DA BRINCADEIRA. CADA UM ESCREVE UMA LETRA NOS ESPAÇOS EM BRANCO, TENTANDO DESCOBRIR QUAL É A PALAVRA.

LEIA AS DICAS E CONTE O NÚMERO DE LETRAS DE CADA PALAVRA.

A) **DICA:** É O NOME DE UMA BRINCADEIRA.

	M	A		E	L		N	H	

B) **DICA:** É O NOME DE UM ANIMAL CONHECIDO COMO O MELHOR AMIGO DAS PESSOAS.

		C	H		R	R	

C) **DICA:** É O NOME DE UM BRINQUEDO, QUE TAMBÉM É UM MEIO DE TRANSPORTE.

			B	U	S

D) **DICA:** É O NOME DE UMA FRUTA QUE VEM EM CACHO E PODE SER VERDE OU ROXA.

3 VAMOS BRINCAR DE OUVIR MÚSICA E DANÇAR? ASSISTA AO VIDEOCLIPE QUE O PROFESSOR VAI APRESENTAR E ACOMPANHE A LETRA DA CANÇÃO "CRIANÇA NÃO TRABALHA".

AGORA, OUÇA A CANÇÃO NOVAMENTE E COMPLETE A LETRA COM AS PALAVRAS QUE FALTAM:

CRIANÇA NÃO TRABALHA

LÁPIS, CADERNO, CHICLETE, PIÃO
SOL, BICICLETA, SKATE, CALÇÃO
ESCONDERIJO, ____________, CORRERIA, ____________
GRITARIA, JARDIM, CONFUSÃO

____________, PELÚCIA, MERENDA, CRAYON
BANHO DE RIO, BANHO DE ____________, PULA-CELA, BOMBOM
TANQUE DE AREIA, GNOMO, SEREIA
PIRATA, BALEIA, MANTEIGA NO PÃO

____________, MERTHIOLATE, BAND-AID, SABÃO
TÊNIS, CADARÇO, ALMOFADA, ____________
QUEBRA-CABEÇA, BONECA, ____________
BOTÃO, PEGA-PEGA, PAPEL, PAPELÃO

Giz de Cera/Arquivo da editora

CRIANÇA NÃO TRABALHA, CRIANÇA DÁ TRABALHO
CRIANÇA NÃO TRABALHA

1, 2 FEIJÃO COM ARROZ
3, 4 FEIJÃO NO PRATO
5, 6 TUDO OUTRA VEZ

(Palavra Cantada. Criança não trabalha. *Álbum Baladinha*. Composição de Arnaldo Antunes e Paulo Tatit, 2017.)

4 COLOQUE AS PALAVRAS QUE COMPLETARAM A LETRA DA CANÇÃO EM ORDEM ALFABÉTICA:

5 JOGO ALFABÉTICO

Giz de Cera/Arquivo da editora

SERÁ QUE VOCÊ TEM BOA MEMÓRIA? ENTÃO PARTICIPE DE UM JOGO ALFABÉTICO. SIGA AS INSTRUÇÕES:

A) FORME COM OS COLEGAS UM GRUPO DE 5 JOGADORES.

B) DECIDAM QUAL DE VOCÊS VAI SER O CHEFE DO GRUPO.

C) O CHEFE COMEÇA O JOGO, DIZENDO: "ONTEM EU JANTEI...". E CITA UM ALIMENTO QUE COMECE COM A LETRA **A** (POR EXEMPLO, ABACATE). NA SEQUÊNCIA, O JOGADOR QUE ESTÁ À DIREITA DO CHEFE DIZ "ONTEM EU JANTEI ABACATE" E CITA UM ALIMENTO QUE COMECE COM A LETRA **B** (POR EXEMPLO, BETERRABA).

D) O JOGADOR SEGUINTE DEVE CITAR OS DOIS ALIMENTOS E MAIS OUTRO, QUE COMECE COM A LETRA **C**. E ASSIM POR DIANTE.

QUEM ESQUECER ALGUM NOME OU DEMORAR MUITO SAI DO JOGO. QUEM FICAR POR ÚLTIMO É O VENCEDOR.

(Adaptado de: Heliana Brandão e Maria das Graças Froeseler. *O livro dos jogos e das brincadeiras*. Belo Horizonte: Leitura, 1997. p. 65.)

PRODUÇÃO DE TEXTO

TROCA DE MENSAGENS PELO CELULAR E CONVITE ORAL

O DIA DE BRINCADEIRAS EM FAMÍLIA NA ESCOLA ESTÁ CHEGANDO! QUE TAL CONVERSAR SOBRE AS BRINCADEIRAS QUE VÃO COMPOR O EVENTO E SOBRE OS BRINQUEDOS DE QUE VOCÊ GOSTA E CONVIDAR FAMILIARES PARA O GRANDE DIA?

QUANDO ENVIAMOS MENSAGENS DE ÁUDIO OU REALIZAMOS UMA CHAMADA DE VÍDEO, É BOM PLANEJARMOS ANTES O QUE VAMOS FALAR. NESSA SITUAÇÃO. A NOSSA FALA ACABA SENDO UM POUCO DIFERENTE DE QUANDO CONVERSAMOS PESSOALMENTE COM ALGUÉM. RESPONDA ÀS PERGUNTAS QUE O PROFESSOR VAI LER.

Giz de Cera/Arquivo da editora

1. PARA COMEÇAR UMA CONVERSA POR MENSAGEM DE ÁUDIO OU VÍDEO, O QUE VOCÊ DEVE DIZER PARA INICIAR A CONVERSA DE FORMA EDUCADA E SIMPÁTICA?

   ◯ OLÁ, TUDO BEM? AQUI É (SEU NOME).

   ◯ ESCUTA AQUI.

   ◯ NÃO PRECISO CUMPRIMENTAR, JÁ COMEÇO A FALAR SOBRE O QUE QUERO.

2. PARA ENCERRAR A MENSAGEM OU O VÍDEO, O QUE VOCÊ PODE DIZER PARA SER EDUCADO E SIMPÁTICO COM A OUTRA PESSOA?

   ◯ AGORA VOU DESLIGAR.

   ◯ DEPOIS A GENTE SE FALA. ATÉ MAIS, TCHAU.

   ◯ NÃO DIGO NADA E DESLIGO.

AGORA É A SUA VEZ

CONVERSA POR VÍDEO

1. PLANEJANDO A CONVERSA.

   VOCÊ VAI CONVERSAR POR VÍDEO COM UM FAMILIAR OU UM AMIGO SOBRE BRINQUEDOS E BRINCADEIRAS DE QUE ELE GOSTA.

   ENTÃO, SELECIONE ALGUNS BRINQUEDOS SEUS PARA MOSTRAR E CONTAR DO QUE VOCÊ GOSTA. ESCOLHA UM LUGAR EM SUA CASA ONDE VOCÊ COSTUMA BRINCAR.

   PENSE NO QUE VOCÊ VAI FALAR: QUAIS BRINQUEDOS VAI MOSTRAR, O QUE VAI DIZER SOBRE ELES, COMO VAI EXPLICAR SUAS BRINCADEIRAS FAVORITAS, O QUE VAI DIZER SOBRE O LUGAR ESCOLHIDO POR VOCÊ.

2. REALIZE A CHAMADA DE VÍDEO COM A AJUDA DE UM ADULTO. DURANTE A CONVERSA, VEJA SE A CÂMERA ESTÁ FOCALIZANDO BEM SEU ROSTO E SEUS BRINQUEDOS. FALE DEVAGAR, PERTO DO CELULAR E COM UMA ALTURA DE VOZ ADEQUADA PARA A OUTRA PESSOA ESCUTAR COM FACILIDADE.

3. EMPREGUE EXPRESSÕES EDUCADAS, COMO **POR FAVOR**, **VOCÊ PODERIA** E **OBRIGADO(A)**.

CONVITE EM ÁUDIO E EM VÍDEO

PARA QUE TODOS VENHAM À ESCOLA PARA O DIA DE BRINCADEIRAS EM FAMÍLIA, É PRECISO CONVIDAR AS PESSOAS. VAMOS GRAVAR UM CONVITE PARA SER COMPARTILHADO POR APLICATIVO DE MENSAGENS NO CELULAR.

1. COMO PODEMOS INICIAR A MENSAGEM-CONVITE DE MANEIRA EDUCADA?

2 PARA QUE TODOS SAIBAM QUANDO DEVEM IR À ESCOLA PARA O EVENTO, O QUE DEVEMOS FALAR NO CONVITE?

3 PARA QUE TODOS CHEGUEM JUNTOS NO DIA DO EVENTO, O QUE DEVEMOS DIZER NO CONVITE?

4 COMO VAI SER UM DIA DE BRINCADEIRAS, O QUE PODEMOS SUGERIR AOS CONVIDADOS?

ENSAIANDO O CONVITE

JUNTOS, ENSAIEM COMO SERÁ A GRAVAÇÃO DO CONVITE.

DEPOIS, COM A AJUDA DO PROFESSOR, GRAVEM A PRIMEIRA VERSÃO DO CONVITE. OUÇAM E AVALIEM SE ALGO PRECISA SER ALTERADO.

GRAVANDO O CONVITE EM SALA

EM SALA DE AULA, GRAVEM COLETIVAMENTE UM CONVITE EM ÁUDIO DA TURMA PARA COMPARTILHAR COM PROFESSORES, FUNCIONÁRIOS DA ESCOLA E FAMILIARES.

DIVIRTA-SE

OFICINA DE CRIAÇÃO

PROJETO: VEM BRINCAR VOCÊ TAMBÉM!

PARA ENCERRAR AS ATIVIDADES DESTA UNIDADE, PARTICIPE COM OS COLEGAS DO PROJETO **VEM BRINCAR VOCÊ TAMBÉM!**.

JUNTE-SE A SUA FAMÍLIA E A SEUS AMIGOS PARA PARTICIPAR DAS BRINCADEIRAS POPULARES QUE FARÃO PARTE DESTE PROJETO.

1. RECUPERE O CRACHÁ FEITO NO CAPÍTULO 1. VOCÊ, SEUS FAMILIARES E PROFESSORES DEVEM ESTAR IDENTIFICADOS PARA QUE TODOS POSSAM SE CHAMAR PELO NOME.

Giz de Cera/Arquivo da editora

2. RELEMBRE, COM OS COLEGAS, OS BRINQUEDOS E AS BRINCADEIRAS MAIS CITADOS NA PESQUISA DO CAPÍTULO 2. PREPAREM MOMENTOS PARA BRINCAR COM AS BRINCADEIRAS E OS BRINQUEDOS PREFERIDOS DAS FAMÍLIAS!

3. ORGANIZE, COM OS COLEGAS, UM ESPAÇO PARA EXPOSIÇÃO DE BRINQUEDOS ANTIGOS. CASO TENHA ALGUM EM CASA, TRAGA PARA SER EXPOSTO. VOCÊ PODE PRODUZIR UMA ETIQUETA COM O NOME DO BRINQUEDO PARA IDENTIFICÁ-LO. ESCREVA, NA ETIQUETA, A QUEM ELE PERTENCEU E QUANDO (O ANO).

4. CONFIRA ALGUMAS BRINCADEIRAS POPULARES PARA BRINCAR COM TODOS!

1. FUI ANDANDO POR UM CAMINHO...

UMA CRIANÇA DIZ A OUTRA: "VOCÊ TEM QUE RESPONDER 'COMIGO QUATRO' A TUDO O QUE EU DISSER".

— FUI ANDANDO POR UM CAMINHO. ÉRAMOS TRÊS.
— COMIGO QUATRO.
— FOMOS OS TRÊS ANDANDO.
— COMIGO QUATRO.
— SUBIMOS OS TRÊS UM MORRO.
— COMIGO QUATRO.
— ENCONTRAMOS TRÊS BURROS.
— COMIGO QUATRO.

Jean Galvão/Arquivo da editora

2. A BARATA DIZ QUE TEM

AS CRIANÇAS FORMAM UMA RODA, DÃO-SE AS MÃOS E GIRAM PARA A DIREITA, CANTANDO:

A BARATA

A BARATA DIZ QUE TEM
SETE SAIAS DE FILÓ
É MENTIRA DA BARATA
ELA TEM É UMA SÓ
HÁ, HÁ, HÁ
HÓ, HÓ, HÓ
ELA TEM É UMA SÓ.

(Da tradição popular.)

Jean Galvão/Arquivo da editora

3. ESCRAVOS DE JÓ

FORME UM CÍRCULO COM ALGUNS COLEGAS DA TURMA OU COM FAMILIARES. CADA UM DEVE TER NAS MÃOS UMA PEDRINHA OU UM OBJETO PEQUENO, QUE SERÁ PASSADO DE UM PARTICIPANTE PARA OUTRO. FAÇA UMA COREOGRAFIA DE VAIVÉM, DE ACORDO COM O RITMO DA MÚSICA. SIGA AS INSTRUÇÕES QUE O PROFESSOR VAI LER.

Jean Galvão/Arquivo da editora

ESCRAVOS DE JÓ

ESCRAVOS DE JÓ JOGAVAM CAXANGÁ
TIRA,
PÕE,
DEIXA FICAR
GUERREIROS COM GUERREIROS
FAZEM ZIGUE,
ZIGUE,
ZÁ

(Da tradição popular.)

4. A CANOA VIROU

AS CRIANÇAS FORMAM UMA RODA, DÃO-SE AS MÃOS E GIRAM PARA A DIREITA, CANTANDO "A CANOA VIROU". QUANDO DIZEM O NOME DE UMA CRIANÇA, ESTA SE VIRA E CONTINUA NA RODA, DE COSTAS PARA O CENTRO. QUANDO CHEGAREM À SEGUNDA ESTROFE, AS CRIANÇAS SOLTAM AS MÃOS E BALANÇAM O CORPO PARA A DIREITA E PARA A ESQUERDA.

DÃO-SE AS MÃOS NOVAMENTE E CANTAM A TERCEIRA ESTROFE.

A CANTIGA RECOMEÇA E, QUANDO TODAS JÁ ESTIVEREM RODANDO DE COSTAS PARA O CENTRO, A BRINCADEIRA TERMINA.

A CANOA VIROU
POR DEIXAREM-NA VIRAR
FOI POR CAUSA DO(A) (NOME DE UMA CRIANÇA)
QUE NÃO SOUBE REMAR.

SIRI PRA CÁ,
SIRI PRA LÁ,
(NOME DE UMA CRIANÇA) É VELHO(A)
E QUER CASAR.

SE EU FOSSE UM PEIXINHO
E SOUBESSE NADAR,
EU TIRAVA O (A) (NOME DE UMA CRIANÇA)
LÁ DO FUNDO DO MAR.

(Da tradição popular.)

Jean Galvão/Arquivo da editora

UNIDADE

2 EU E MINHA GENTE

QUEM É VOCÊ? QUAL É O SEU NOME? QUANTOS ANOS VOCÊ TEM? QUANDO VOCÊ FAZ ANIVERSÁRIO? VOCÊ É BRINCALHÃO OU MAL-HUMORADO? VOCÊ TEM IRMÃOS? QUEM SÃO SEUS MELHORES AMIGOS? ONDE VOCÊ MORA? VOCÊ GOSTA DE SUA CIDADE?

ENTRE TODOS, SOU ÚNICO

UM, DOIS, TRÊS,
QUATRO, CINCO, SEIS.
TANTAS CRIANÇAS NO MUNDO,
NASCEM OUTRAS TANTAS NO MÊS?
[...]
SÃO CABELOS DIFERENTES
ESCORRIDOS, ERIÇADOS
FINOS, GROSSOS, LOUROS, PRETOS,
TODOS BELOS E ENGRAÇADOS.
[...]
E ENTRE TODOS, AQUI PERTO,
HÁ ALGUÉM ESPECIAL:
É VOCÊ, VOCÊ AÍ!
BRINCANDO NO SEU QUINTAL.

(Fernanda Sander. *Ideia passarinha: poesia (in)completa para crianças.* São José dos Campos-SP: Fernanda Sander Canabrava Bincoleto, 2019. p. 136.)

Jeann Galvão/Arquivo da editora

DIVIRTA-SE... E FIQUE POR DENTRO!

Biry Sarkis/ Arquivo da editora

FILMES E VÍDEOS

Reprodução/Illumination Entertainment, Universal Studios

- *SING — QUEM CANTA SEUS MALES ESPANTA*, DE GARTH JENNINGS.
O COALA BUSTER MOON DECIDE CRIAR UMA COMPETIÇÃO DE CANTO PARA AUMENTAR OS RENDIMENTOS DE SEU ANTIGO TEATRO. A DISPUTA MOVIMENTA O MUNDO ANIMAL E PROMOVE A REVELAÇÃO DE DIVERSOS TALENTOS DA CIDADE.

DreamWorks Animation/20th Century Fox/Alamy/Fotoarena

- ASSISTA TAMBÉM: *O PODEROSO CHEFINHO*, DE TOM MCGRATH; *VIVA — A VIDA É UMA FESTA*, DE ADRIAN MOLINA E LEE UNKRICH; *PROCURANDO NEMO*, DE ANDREW STATON; *VALENTE*, DE BRENDA CHAPMAN E MARK ANDREWS; E *MOANA, UM MAR DE AVENTURAS*, DE RON CLEMENTS E JOHN MUSKER.
- ASSISTA AO PROGRAMA *O DIÁRIO DE MIKA*, AOS VÍDEOS DA TV RÁ-TIM-BUM: www.tvratimbum.com.br; E À VERSÃO ANIMADA DO LIVRO *AMORAS*, DE EMICIDA: https://www.youtube.com/watch?v=Avt7s8XgDjs.

SITES

- https://museudapessoa.org/
- CONSTRUA SEU PRÓPRIO AVATAR EM *SITES* COMO: https://illustmaker.abi-station.com/index_en.shtml

LIVROS

Reprodução/Companhia das Letrinhas

VÁ À BIBLIOTECA DA ESCOLA OU À BIBLIOTECA DO BAIRRO OU DA CIDADE ONDE VOCÊ MORA E VEJA SE OS LIVROS INDICADOS A SEGUIR ESTÃO DISPONÍVEIS PARA EMPRÉSTIMO. SE NÃO ESTIVEREM, SELECIONE OUTROS SOBRE O TEMA DESTA UNIDADE.

- *TEM DE TUDO NESTA RUA...*, DE MARCELO XAVIER (FORMATO). VOCÊ JÁ REPAROU NAS PESSOAS QUE FAZEM PARTE DE SEU MUNDO? O LIVRO DE MARCELO XAVIER APRESENTA, EM MASSINHA DE MODELAR, VÁRIOS PERSONAGENS QUE FAZEM PARTE DE NOSSA VIDA. VOCÊ VAI ADORAR.
- LEIA TAMBÉM: *AMORAS*, DE EMICIDA (COMPANHIA DAS LETRINHAS); *UMA LETRA PUXA A OUTRA*, DE JOSÉ PAULO PAES E KIKO FARKAS (COMPANHIA DAS LETRINHAS); E *ABC QUER BRINCAR COM VOCÊ*, DE JOSÉ SANTOS E ALCY (COMPANHIA EDITORA NACIONAL).

MÚSICAS

Reprodução/AMZ Mídia

- OUÇA AS CANÇÕES "MEU ANJINHO" E "BONEQUINHA DO PAPAI", DE ARNALDO ANTUNES E EDGARD SCANDURRA (CD *PEQUENO CIDADÃO*); "NOSSA CASA", DE PAULO TATIT E OUTROS (CD *UM MINUTIIIINHO PALAVRA CANTADA*); "A FAMÍLIA", DE EDU LOBO E ABEL SILVA (CD *RÁ TIM BUM*); E "SÓ QUERO A MAMÃE E O PAPAI", DE PAULO TATIT E ZÉ TATIT (CD *CARNAVAL PALAVRA CANTADA*).

OFICINA DE CRIAÇÃO

PROJETO: QUEM SOU EU?

- PARTICIPE DA REALIZAÇÃO DE UMA MOSTRA DE TEXTOS, DESENHOS, ÁLBUNS DE FOTOGRAFIAS E COLEÇÕES.

Giz de Cera/Arquivo da editora

CAPÍTULO 1

EM FAMÍLIA

LEITURA DE FILME

Twentieth Century Fox/Alamy/Fotoarena

EXPRESSÃO ORAL

ASSISTA AO FILME *O TOURO FERDINANDO* E RESPONDA ORALMENTE ÀS PERGUNTAS QUE O PROFESSOR VAI FAZER.

EXPRESSÃO ESCRITA

1 LIGUE CADA PERSONAGEM DO FILME AO NOME DELE:

Fotos: Blue Sky Studios/20th Century Fox Animation

NINA

LUPE

FERDINANDO

VALENTE

2 COMO ERA O TOURO FERDINANDO?
MARQUE:

( ) GRANDE

( ) SENSÍVEL

( ) INVEJOSO

( ) COMPANHEIRO

3 OBSERVE O NOME DA MENINA:

NINA

QUAL É A LETRA QUE SE REPETE NESSE NOME? FAÇA UM CÍRCULO EM TORNO DELA.

4 COMPARE ESTES NOMES:

NINA | LUPE

CONTE: QUANTAS LETRAS CADA NOME TEM? ESCREVA O NÚMERO:

5 COMPARE ESTES NOMES:

FERDINANDO | VALENTE

FAÇA UM CÍRCULO EM TORNO DO NOME QUE TEM MAIS LETRAS.

DE OLHO NA ORALIDADE: RELATO DE EXPERIÊNCIA FAMILIAR

FERDINANDO, O TOURO DO FILME, QUERIA VIVER COM NINA E OS AMIGOS, FORMANDO UMA VERDADEIRA FAMÍLIA.

A VIDA EM FAMÍLIA GERALMENTE É MUITO PRAZEROSA E DEIXA LEMBRANÇAS QUE NOS ACOMPANHAM POR TODA A VIDA.

PREPARE-SE PARA FAZER UM RELATO ORAL AOS COLEGAS.

VÁ ATÉ A FRENTE DA SALA E CONTE PARA A TURMA **UM FATO DE SUA VIDA FAMILIAR QUE TENHA SIDO MUITO DIVERTIDO OU QUE TENHA DEIXADO VOCÊ MUITO FELIZ**.

SIGA ESTAS ORIENTAÇÕES:

- FALE ALTO, MAS SEM GRITAR, PARA QUE TODOS CONSIGAM OUVIR.
- FALE DEVAGAR, PRONUNCIANDO BEM AS PALAVRAS.
- DIGA QUANDO E ONDE OCORREU O FATO, QUEM ESTAVA PRESENTE E POR QUE VOCÊ ACHOU ENGRAÇADO OU FICOU FELIZ.
- USE EXPRESSÕES COMO **NAQUELE DIA**, **NAQUELA ÉPOCA**, **DEPOIS**, **ENTÃO** E EVITE REPETIR A PALAVRA **AÍ**.

Giz de Cera/Arquivo da editora

REFLEXÃO SOBRE A LINGUAGEM

DE OLHO NA LEITURA E NA ESCRITA: AS VOGAIS E AS CONSOANTES

HÁ PESSOAS QUE AMAM OS ANIMAIS E HÁ AQUELAS QUE NÃO GOSTAM MUITO DELES. VOCÊ GOSTA DE ANIMAIS DE ESTIMAÇÃO?

LEIA ESTA TIRA:

© Fernando Gonsales/Acervo do cartunista

(Fernando Gonsales. Disponível em: https://caninablog.wordpress.com/tag/niquel-nausea/. Acesso em: 18/9/2020.)

RESPONDA ORALMENTE:

1. O QUE O CACHORRO ESTÁ FAZENDO NOS DOIS PRIMEIROS QUADRINHOS?

2. POR QUE ELE PARA DE LATIR NO 3º QUADRINHO?

3. O QUE SIGNIFICA A PALAVRA **TÉIM** DO 3º QUADRINHO?

4. NO ÚLTIMO QUADRINHO, ELE MUDA O LATIDO: PARA DE FAZER "AU, AU, AU" E COMEÇA A FAZER "AI, AI, AI". POR QUÊ?

5. VOCÊ ACHA QUE SE DEVE TRATAR OS ANIMAIS DESSA FORMA?

6. A MULHER CONSEGUIU FAZER O CÃO FICAR QUIETO?

7. ESCREVA AS LETRAS USADAS PARA REPRESENTAR O LATIDO DO CÃO:

8. AGORA, ESCREVA AS LETRAS USADAS PARA REPRESENTAR O GANIDO DO CÃO:

PARA REPRESENTAR OS SONS PRODUZIDOS PELO CACHORRO, FORAM EMPREGADAS **VOGAIS**.

TODAS AS OUTRAS LETRAS DO ALFABETO SÃO CONSOANTES.

AS VOGAIS DA NOSSA LÍNGUA SÃO **A**, **E**, **I**, **O**, **U**.

9 COMPLETE O ALFABETO ESCREVENDO AS VOGAIS QUE FALTAM:

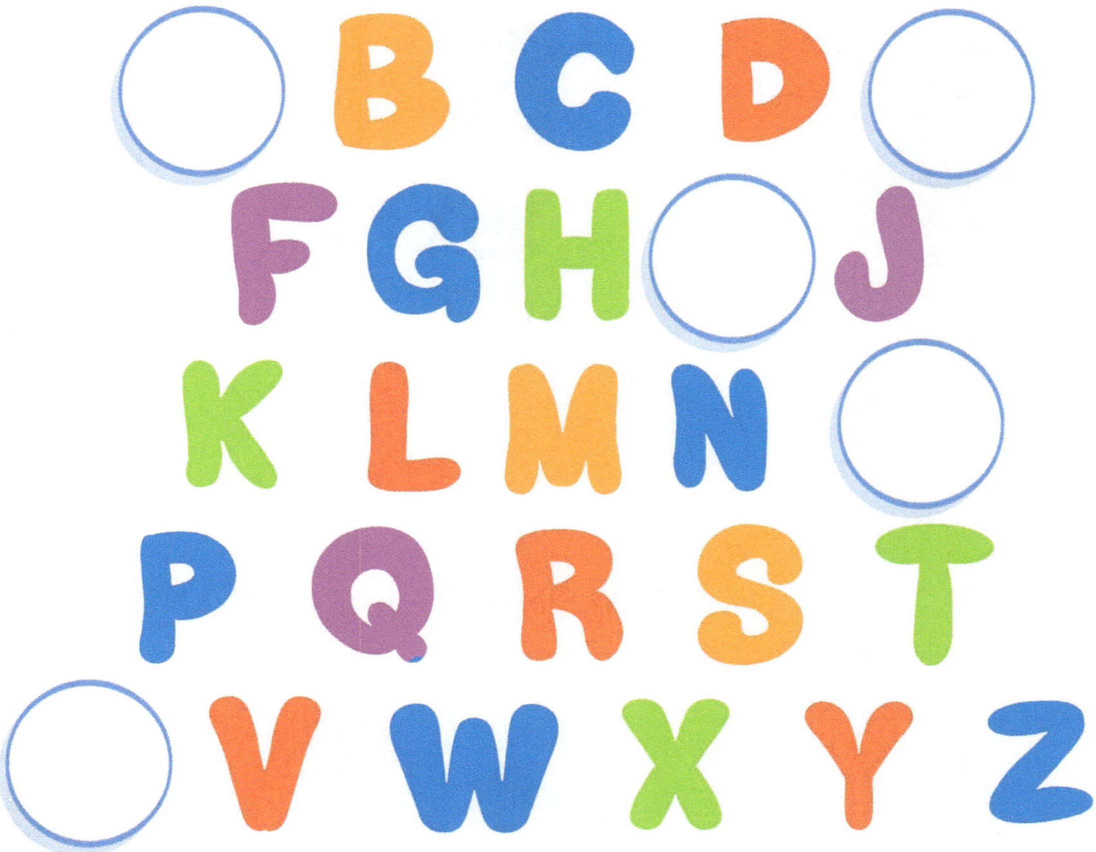

Ilustra Cartoon/Arquivo da editora

10 COMPLETE AS PALAVRAS ESCREVENDO AS VOGAIS:

Twentieth Century Fox/Alamy/Fotoarena

M◯N◯N◯

Blue Sky Studios/20th Century Fox Animation

C◯BR◯

Blue Sky Studios/20th Century Fox Animation

C◯V◯L◯

11 PONHA AS VOGAIS NO LUGAR CERTO:

Blue Sky Studios/20th Century Fox Animation

Blue Sky Studios/20th Century Fox Animation

Ruslan Dgeilan/Shutterstock

TUORO	CABAR	FLRO

12 E DE FRUTAS, VOCÊ GOSTA? PINTE AS VOGAIS DO NOME DESTAS FRUTAS:

B	A	N	A	N	A

U	V	A

A	B	A	C	A	T	E

C	O	C	O

F	I	G	O

A	M	O	R	A

Ilustrações: Ilustra Cartoon/Arquivo da editora

13 AGORA, ESCREVA O NOME DE SUA FRUTA PREFERIDA:

____

14 COM O AUXÍLIO DO PROFESSOR OU DE UM COLEGA, LEIA ESTE POEMA:

AGORA

AGORA É UMA PALAVRA TÃO AGITADA
E LIGEIRA QUE, QUANDO TERMINA
O ÚLTIMO **A**,
JÁ VIROU PASSADO.

(Elias José. *Pequeno dicionário poético-humorístico ilustrado*. São Paulo: Paulinas, 2006. p. 15.)

Biry Sarkis/Arquivo da editora

15 FAÇA UM CÍRCULO EM TORNO DO ÚLTIMO **A** DA PALAVRA **AGORA**.

16 QUANTAS VOGAIS TEM A PALAVRA **AGORA**? ESCREVA-AS:

17 TROQUE A LETRA **G** DA PALAVRA **AGORA** PELAS LETRAS **M** E **D** E DESCUBRA OUTRAS PALAVRAS.

BRINCANDO COM PALAVRAS

VOCÊ GOSTA DE VER TV? LEIA ESTA TIRA COM O AUXÍLIO DO PROFESSOR OU DE UM COLEGA:

(Nik. *Gaturro 1*. Cotia-SP: Vergara & Riba, 2008. p. 56.)

1. O QUE O DONO DO GATO GATURRO ESTÁ FAZENDO? RESPONDA ORALMENTE.

2. PARA CADA COISA QUE O HOMEM VÊ, ELE FAZ UMA EXCLAMAÇÃO USANDO VOGAIS. QUAIS SÃO AS VOGAIS QUE ELE USA? ESCREVA.

3. O QUE SIGNIFICA A REPETIÇÃO DE UMA MESMA VOGAL VÁRIAS VEZES? RESPONDA ORALMENTE.

4. CADA UMA DAS EXCLAMAÇÕES DA TIRA EXPRESSA UMA EMOÇÃO. VEJA A EXPRESSÃO DO HOMEM E RESPONDA: O QUE EXPRESSA CADA UMA DAS EXCLAMAÇÕES?

5 GATURRO ACHA QUE A TELEVISÃO TORNA AS PESSOAS IDIOTAS "EM ORDEM ALFABÉTICA". POR QUE ELE DIZ ISSO? RESPONDA ORALMENTE.

6 O QUE VOCÊ ACHA DA PROGRAMAÇÃO DA TELEVISÃO? VOCÊ ASSISTE A PROGRAMAS INTERESSANTES E INTELIGENTES? SE SIM, CONTE PARA OS COLEGAS QUAIS SÃO ELES.

7 LEIA ESTAS EXPRESSÕES:

AAAAI! OI! UUUUI! EI!

A) CIRCULE AQUELAS QUE COSTUMAM EXPRESSAR DOR.

B) PASSE UM TRAÇO EMBAIXO DAQUELAS QUE COSTUMAM EXPRESSAR CUMPRIMENTO.

8 VOCÊ GOSTA DE BRINCAR DE FORCA? OUÇA AS ADIVINHAS QUE O PROFESSOR VAI LER E TENTE DESCOBRIR A RESPOSTA.
A RESPOSTA DA PRIMEIRA ADIVINHA COMEÇA COM A LETRA **B**.
E A DA SEGUNDA COMEÇA COM A LETRA **O**. SERÁ QUE ALGUÉM VAI SE SALVAR DA FORCA?

A) O QUE É, O QUE É?
QUE TEM MANIA DE ASSUSTAR
QUEM ESTÁ À SUA FRENTE.

B					A

B) O QUE É, O QUE É?
CRESCE ANTES DE NASCER
E QUANDO NASCE NÃO CRESCE MAIS.

O		

Ilustrações: Ilustra Cartoon/Arquivo da editora

9 PINTE AS VOGAIS E DESCUBRA O ANIMAL ESCONDIDO. DEPOIS, ESCREVA O NOME DELE.

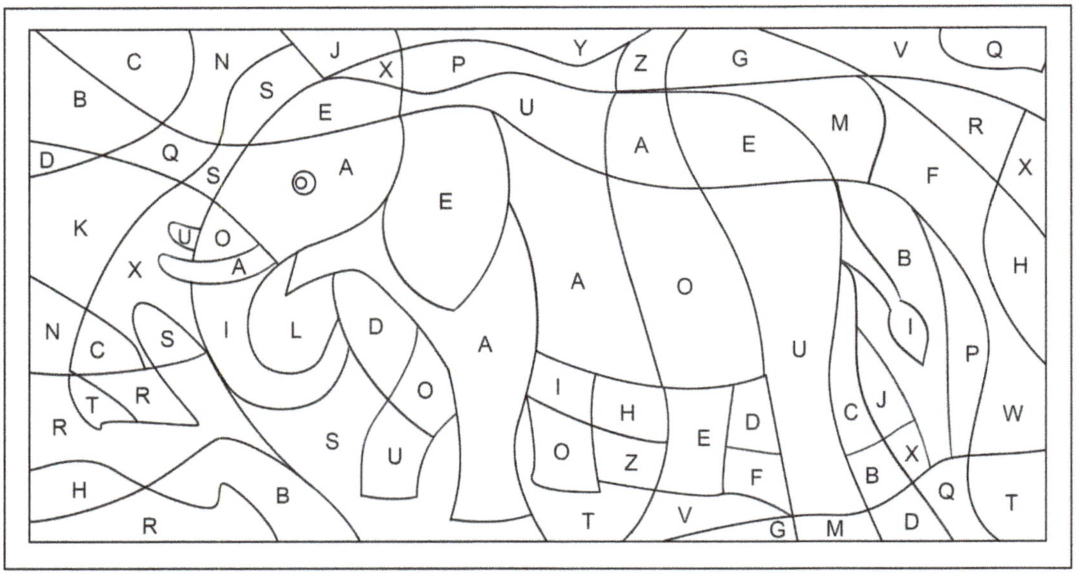

Ilustra Cartoon/Arquivo da editora

10 RESOLVA A CRUZADINHA. DESCUBRA A QUAL ANIMAL PERTENCE CADA SILHUETA E COMPLETE COM VOGAIS O NOME DE CADA UM.

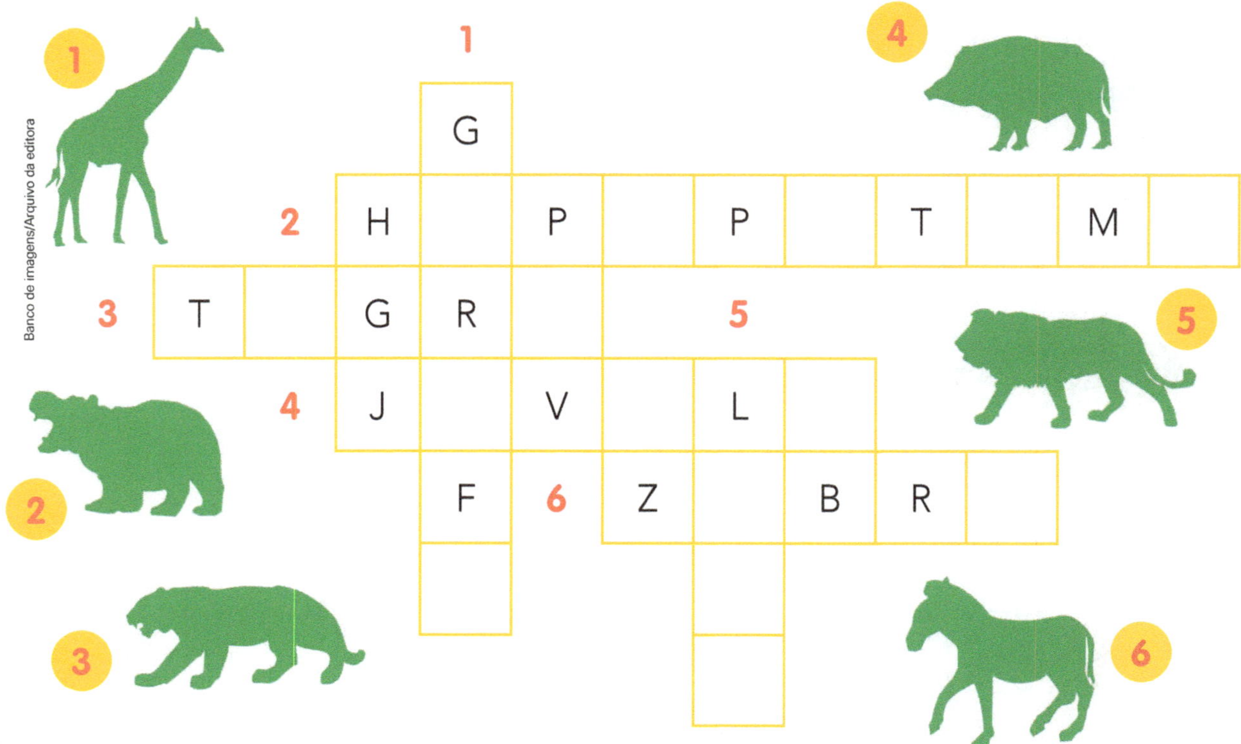

Banco de imagens/Arquivo da editora

11 COM O AUXÍLIO DO PROFESSOR OU DE UM COLEGA, LEIA ESTAS ADIVINHAS E ESCREVA AS RESPOSTAS:

A) QUEM É QUE SEMPRE VAI DORMIR CALÇADO?

Ilustrações: Biry Sarkis/Arquivo da editora

B) QUAL É O BICHO QUE ANDA COM AS PATAS?

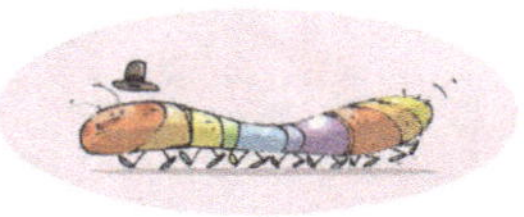

C) QUAL É O BICHO QUE FAZ A MAIOR ONDA ABANANDO A CAUDA?

12 LEIA ESTES VERSOS DE MÁRIO QUINTANA COM A AJUDA DE UM COLEGA OU DO PROFESSOR:

Biry Sarkis/Arquivo da editora

OUTRAS LETRAS DIZEM TUDO.

MAS O ________ NOS DESCONCERTA.
PARECE MEIO ABOBALHADO:
SEMPRE ESTÁ DE BOCA ABERTA...
[...]

(*O batalhão das letras*. São Paulo: Global, 1996.)

DE QUE VOGAL OS VERSOS ESTÃO FALANDO? ESCREVA-A NO ESPAÇO DEIXADO EM BRANCO.

13 IDENTIFIQUE AS VOGAIS QUE EXISTEM NESTAS PALAVRAS E ESCREVA-AS:

LETRAS: ____________________ ABOBALHADO: ____________________

TUDO: ____________________ BOCA: ____________________

PRODUÇÃO DE TEXTO

NO FINAL DESTA UNIDADE, VOCÊ VAI PARTICIPAR COM OS COLEGAS DA MOSTRA **QUEM SOU EU?** E NELA VAI EXPOR TEXTOS E OBJETOS QUE MOSTRAM QUEM VOCÊ É.

EM NOSSA VIDA, HÁ MOMENTOS EM QUE PRECISAMOS FALAR SOBRE QUEM NÓS SOMOS.

A FICHA PESSOAL

TODOS NÓS TEMOS UM NOME. OS NOMES SÃO IMPORTANTES PORQUE IDENTIFICAM AS PESSOAS. EM ALGUMAS SITUAÇÕES, PRECISAMOS PREENCHER FICHAS DE IDENTIFICAÇÃO PARA DIZER QUEM SOMOS.

COM O AUXÍLIO DO PROFESSOR OU DE UM COLEGA, LEIA A FICHA AO LADO:

L
NOME: LAURA DE ALMEIDA RODRIGUES
IDADE: 8
NASCIMENTO: 12/1/2013
NATURALIDADE: VITÓRIA
ESTADO CIVIL: SOLTEIRA
ENDEREÇO: RUA TUTOIA, 22, VITÓRIA
TELEFONE: 3752-2412
NOME DO PAI: LEONARDO RODRIGUES
NOME DA MÃE: JÚLIA DE ALMEIDA

RESPONDA ORALMENTE:

1. PARA QUE SERVE UMA FICHA PESSOAL?

2. ONDE GERALMENTE PRECISAMOS PREENCHER UMA FICHA PESSOAL?

3. QUE INFORMAÇÕES SOBRE NÓS SÃO ESCRITAS NA FICHA PESSOAL?

AGORA É A SUA VEZ

COM O AUXÍLIO DO PROFESSOR, ABRA A PÁGINA 299 E RECORTE A FICHA DE EMPRÉSTIMO DE LIVROS DA BIBLIOTECA DA TURMA. DEPOIS, PREENCHA A FICHA COM SEUS DADOS PESSOAIS.

BIBLIOTECA MANUEL BANDEIRA

BMB

FICHA PESSOAL

FOTO

BIBLIOTECA DA TURMA DO 1º ANO: ______________ DA ESCOLA:

____

NOME: ______________________________

DATA DE NASCIMENTO: ______________________________

NATURALIDADE: ______________________________

ENDEREÇO: ______________________ Nº: __________

CIDADE: ______________________________

TELEFONE: ______________________________

NOME DO PAI: ______________________________

NOME DA MÃE: ______________________________

Banco de imagens/Arquivo da editora

DIVIRTA-SE

© Armandinho, de Alexandre Beck/Acervo do cartunista

CAPÍTULO 2

PLANETA EU

LEITURA

VAMOS CONHECER UM POUCO MAIS DE VOCÊ? ACOMPANHE A LEITURA QUE O PROFESSOR VAI FAZER DESTE POEMA:

TEXTO 1

Biry Sarkis/Arquivo da editora

MEU ANIVERSÁRIO

HOJE É O MEU ANIVERSÁRIO,
É UM DIA SEM IGUAL!
EU QUERIA QUE HOJE FOSSE
FERIADO NACIONAL!

(Pedro Bandeira. *Por enquanto eu sou pequeno.* 2. ed. São Paulo: Moderna, 2020. p. 11.)

1 ESCREVA O SEU NOME COMPLETO:

____

2 SE VOCÊ SABE, ESCREVA A DATA DE SEU ANIVERSÁRIO:

DIA: ______________ MÊS: ______________

3 NOSSO NOME PODE SER ESCRITO EM MUITOS LUGARES. COM O PROFESSOR E OS COLEGAS, FAÇA UMA LISTA DE DOCUMENTOS, PAPÉIS E OBJETOS ONDE NOSSO NOME PODE APARECER ESCRITO. DEPOIS, ESCREVA ABAIXO 3 PALAVRAS DA LISTA.

Banco de imagens/Arquivo da editora

4 CONVERSE COM SEUS PAIS E PERGUNTE A ELES QUAL É A HISTÓRIA DO SEU NOME: QUEM ESCOLHEU, POR QUÊ, ETC. DEPOIS, CONTE-A PARA OS COLEGAS.

5 ESCREVA O NOME DE SUA ESCOLA:

6 ESCREVA O NOME DE SEU PROFESSOR OU DE SUA PROFESSORA:

7 ESCREVA DOIS NOMES DE COLEGAS DA TURMA QUE COMEÇAM COM VOGAL E DOIS QUE COMEÇAM COM CONSOANTE.

8 NO POEMA, HÁ DUAS PALAVRAS QUE RIMAM.

A) ESCREVA-AS.

B) AGORA, PINTE AS LETRAS QUE SÃO IGUAIS NO FINAL DESSAS PALAVRAS.

COM A AJUDA DO PROFESSOR E DOS COLEGAS, LEIA ESTE POEMA:

QUEM É PEDRO BANDEIRA?

PEDRO BANDEIRA NASCEU EM SANTOS, SÃO PAULO, EM 9 DE MARÇO DE 1942, ONDE SE DEDICOU AO TEATRO AMADOR ATÉ SE MUDAR PARA SÃO PAULO.
ELE GANHOU VÁRIOS PRÊMIOS E, ENTRE OUTRAS OBRAS, ESCREVEU *MAIS RESPEITO! EU SOU CRIANÇA!* E *O FANTÁSTICO MISTÉRIO DE FEIURINHA*. SAIBA MAIS SOBRE UM DOS MAIS CONHECIDOS AUTORES NACIONAIS PESQUISANDO NO *SITE* www.pedrobandeira.com.br.

Sérgio Castro/Agência Estado

TEXTO 2

A MINHA FAMÍLIA

EU GOSTO DA
MINHA MÃE,
DO MEU PAI,
DO MEU IRMÃO.
NEM SEI COMO
TANTA GENTE
CABE NO
MEU CORAÇÃO!

(Pedro Bandeira, *op. cit.*, p. 19.)

Giz de Cera/Arquivo da editora

1 QUEM FALA NO TEXTO É:

◯ UM ADULTO

◯ UMA CRIANÇA

Giz de Cera/Arquivo da editora

2 ESSA FAMÍLIA TEM:

◯ 2 PESSOAS

◯ 3 PESSOAS

◯ 4 PESSOAS

3 O POEMA TRATA DE ALGUNS MEMBROS DA FAMÍLIA. MAS TAMBÉM FAZEM PARTE DA FAMÍLIA OS:

◯ AMIGOS

◯ AVÓS

◯ TIOS

◯ PRIMOS

4 RESPONDA ORALMENTE: O QUE A CRIANÇA QUER DIZER COM "NEM SEI COMO TANTA GENTE CABE NO MEU CORAÇÃO!"?

5 VOCÊ JÁ VIU UMA ÁRVORE GENEALÓGICA? É UM TIPO DE DESENHO QUE MOSTRA COMO NOSSA FAMÍLIA SE FORMOU. VEJA UM EXEMPLO:

Ilustra Cartoon/Arquivo da editora

VAMOS FAZER A ÁRVORE GENEALÓGICA DA SUA FAMÍLIA?

PREENCHA OS ESPAÇOS EM BRANCO COM O NOME DAS PESSOAS QUE VIVEM COM VOCÊ. SE NÃO TIVER IRMÃOS, DEIXE EM BRANCO. SE TIVER MAIS DO QUE DOIS IRMÃOS, FAÇA NOVOS RETÂNGULOS.

Ilustra Cartoon/Arquivo da editora

O LUGAR ONDE VIVEMOS — NOSSA CASA, NOSSA RUA, NOSSO BAIRRO — TAMBÉM FAZ PARTE DO QUE SOMOS. COM A AJUDA DO PROFESSOR, LEIA A LETRA DESTA CANÇÃO:

TEXTO 3

MEU LUGAR

CARROS PASSANDO DEPRESSA
AMIGOS GARGALHANDO
QUE LINDO É O MEU LUGAR
COM TODAS AS SUAS CORES
POR ISSO VAMOS CUIDAR
DAS PESSOAS, DOS BICHOS E FLORES
QUE BOM É PODER VIVER
NUM LUGAR BONITO E LIMPINHO
FICA FÁCIL, FICA SIMPLES
SE CADA UM AJUDAR UM POUQUINHO
LIXO DEVE IR PARA O LIXO
AS PLACAS, LER E RESPEITAR
SILÊNCIO APÓS AS DEZ HORAS
PRO VIZINHO DESCANSAR
DIZER AS PALAVRINHAS MÁGICAS
DESCULPE, OBRIGADO E POR FAVOR
CUMPRIMENTAR AS PESSOAS
PARA ENCHER O NOSSO MUNDO DE AMOR

Jean Galvão/Arquivo da editora

(CD *Para dar flor*, do grupo Pé de Poesia.)

RESPONDA ORALMENTE:

1. A PESSOA QUE FALA NA CANÇÃO GOSTA DO LUGAR ONDE VIVE? POR QUÊ?

2. AS PESSOAS SÃO FELIZES NESSE LUGAR? POR QUÊ?

3. DE QUE MODO AS PESSOAS PODEM AJUDAR A TORNAR MELHOR O LUGAR ONDE VIVEM?

4 QUAIS SÃO AS PALAVRINHAS MÁGICAS QUE NOS AJUDAM A LIDAR COM AS PESSOAS?

5 OBSERVE A GRAFIA DA PALAVRA **LIXO**.

A) QUANTAS LETRAS ELA TEM? ESCREVA:

B) CIRCULE AS VOGAIS DESSA PALAVRA.

C) QUE PALAVRA FORMAMOS SE TROCARMOS A VOGAL **I** PELA VOGAL **U**? ESCREVA:

D) E SE TROCARMOS A VOGAL **O**, DE **LIXO**, PELA VOGAL **A**? ESCREVA:

6 ESCREVA O NOME DO LUGAR ONDE VOCÊ MORA:

____

DE OLHO NA ORALIDADE: DEBATENDO O LUGAR ONDE MORAMOS

FAÇA UMA RODA COM OS COLEGAS DE TURMA E COM O PROFESSOR E DISCUTAM ESTAS QUESTÕES:

1. DO QUE VOCÊ MAIS GOSTA NO SEU BAIRRO?
2. DO QUE VOCÊ SENTE FALTA NELE?
3. O QUE DEVERIA MUDAR NA RUA OU NO BAIRRO ONDE VOCÊ MORA PARA QUE SE TORNASSE UM LUGAR IDEAL PARA VIVER?

Giz de Cera/
Arquivo da editora

4. AS PESSOAS DO SEU BAIRRO CUIDAM DO LUGAR ONDE VIVEM? O QUE ELAS FAZEM OU DEVERIAM FAZER PARA MELHORAR?

5. VOCÊ ENCONTRA AS PESSOAS QUE VIVEM EM SEU BAIRRO? EM QUE SITUAÇÕES?

QUANDO TERMINAREM O DEBATE, PRODUZAM COLETIVAMENTE UMA LISTA DO QUE NÃO ESTÁ BEM NO SEU BAIRRO E OUTRA DE COMO DEVERIA SER O LUGAR. PASSEM AS LISTAS A LIMPO EM CARTOLINAS E GUARDEM PARA EXPOR NA **OFICINA DE CRIAÇÃO**, NO FINAL DESTA UNIDADE.

REFLEXÃO SOBRE A LINGUAGEM

DE OLHO NA LEITURA E NA ESCRITA: AS LETRAS E OS NÚMEROS

VEJA ESTE QUADRINHO:

(Mauricio de Sousa. *Turma da Mônica. Os caminhos do limoeiro*, n. 53. São Paulo: Globo, 2019.)

A TURMA DA MÔNICA VIVE NO BAIRRO DO LIMOEIRO. NESSE QUADRINHO, MAGALI ESTÁ DANDO AS BOAS-VINDAS A UMA NOVA MORADORA, A MILENA.

VEJA AGORA A CAPA DA REVISTA À QUAL ESSE QUADRINHO PERTENCE:

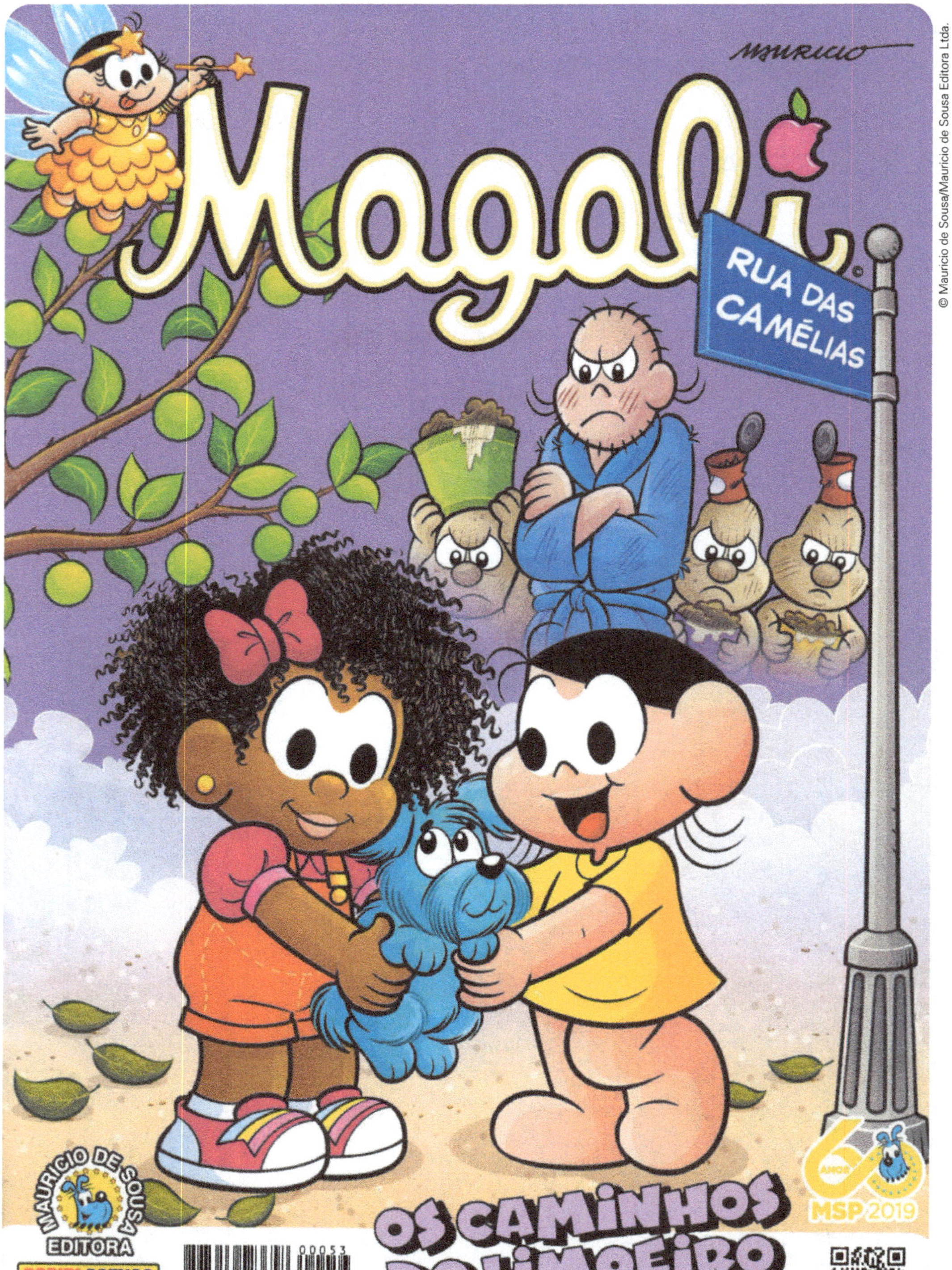

1 QUAL É O NOME DA REVISTA? ESCREVA:

____

2 QUAL É O NOME DA HISTÓRIA? PASSE UM CÍRCULO EM TORNO DELE.

3 NA PARTE DE BAIXO DA CAPA, VEMOS ALGUNS NÚMEROS:

Nº53 • R$ 6,00

A) QUAL É O NÚMERO DA REVISTA?

____

B) E QUANTOS REAIS ELA CUSTAVA?

____

4 NA CAPA, HÁ O NOME DE UMA RUA. ESCREVA-O:

____

____

5 ESCREVA O NOME DE SUA RUA:

____

____

____

6 ESCREVA O NÚMERO DE SUA CASA:

____

VOCÊ VIU QUE, NA CAPA DA REVISTA DA MAGALI, FORAM EMPREGADOS LETRAS E NÚMEROS. AGORA, COM O AUXÍLIO DO PROFESSOR E DOS COLEGAS, LEIA ESTE PASSATEMPO DE MAURICIO DE SOUSA E DESCUBRA A RESPOSTA. DEPOIS, PINTE O DESENHO DA MÔNICA.

PASSATEMPO

(Mauricio de Sousa. *Superalmanaque da Mônica*, n. 1. São Paulo: Globo, 2017. p. 77.)

7 MARQUE O NÚMERO DA SILHUETA QUE CORRESPONDE AO DESENHO DA MÔNICA:

4 ◯   2 ◯   3 ◯   1 ◯

8 PARA RESOLVER A BRINCADEIRA DA MÔNICA, VOCÊ PRECISOU ASSOCIAR OS NÚMEROS AOS DESENHOS. ESCREVA, NA ORDEM, OS QUATRO NÚMEROS QUE FORAM UTILIZADOS:

9 SOMANDO O DESENHO DA MÔNICA E AS SILHUETAS DA PERSONAGEM, QUANTAS MÔNICAS VEMOS? ESCREVA O NÚMERO:

10 COMPARE:

UM	1
DOIS	2
TRÊS	3

ACIMA, VOCÊ VÊ PALAVRAS E NÚMEROS. AS PALAVRAS SÃO FORMADAS POR LETRAS. ESCREVA COM NÚMEROS:

A) QUANTAS LETRAS TEM A PALAVRA **UM**?

B) E A PALAVRA **DOIS**?

C) E A PALAVRA **TRÊS**?

11 QUANTAS LETRAS EXISTEM NESTA PALAVRA? RESPONDA USANDO NÚMERO.

12 ESCREVA AS PALAVRAS CORRESPONDENTES A ESTES NÚMEROS:

4: ____________________

5: ____________________

6: ____________________

13 AGORA, ESCREVA OS NÚMEROS CORRESPONDENTES A ESTAS PALAVRAS:

SETE:

NOVE:

OITO:

DEZ:

14 MUITAS PESSOAS COSTUMAM USAR LETRAS E NÚMEROS EM SEU ENDEREÇO ELETRÔNICO (*E-MAIL*). VEJA:

monica21@quadrinhos.com.br

QUAIS SÃO OS NÚMEROS USADOS NO ENDEREÇO? FAÇA UM CÍRCULO EM TORNO DELES.

15 NESTE PRÉDIO, CADA PORTA TEM UM NÚMERO E UMA LETRA. FAÇA UM CÍRCULO EM TORNO DA LETRA.

Fran Marin/Shutterstock

16 COM A AJUDA DO PROFESSOR E DOS COLEGAS, LEIA ESTE CARTAZ:

Reprodução/FNPETI

NA OPINIÃO DE QUEM CRIOU O CARTAZ, AS CRIANÇAS:

- ◯ DEVEM TRABALHAR.
- ◯ NÃO DEVEM TRABALHAR.

17 QUAL É O DIA DO COMBATE AO TRABALHO INFANTIL? ESCREVA-O. DEPOIS, FAÇA UM X SOBRE O NÚMERO DO CARTAZ.

____

BRINCANDO COM PALAVRAS

1 VOCÊ CONHECE O JOGO CHAMADO BINGO? PARA JOGAR, É NECESSÁRIO TER UMA CARTELA COMO A QUE APARECE ABAIXO E MARCAR NELA OS NÚMEROS QUE UMA PESSOA SORTEIA.

Hélio Senatore/Arquivo da editora

NESSA CARTELA, ALÉM DE NÚMEROS, HÁ LETRAS. CIRCULE AS LETRAS DA CARTELA.

2 AGORA, VAMOS JOGAR BINGO? FORME UM GRUPO E RECORTE, NO FINAL DO LIVRO, NAS PÁGINAS 301 E 303, UMA DAS CARTELAS DO BINGO. CADA UM DOS ALUNOS DEVE FICAR COM UMA CARTELA DIFERENTE DA DOS OUTROS.

REGRAS

- O PROFESSOR SORTEIA UM NÚMERO OU UMA LETRA E O ANUNCIA PARA A TURMA.
- QUEM TIVER O NÚMERO OU A LETRA NA CARTELA FAZ UM X SOBRE ELE.
- GANHA O JOGO QUEM PREENCHER PRIMEIRO TODA A CARTELA.

3 NO QUADRO ABAIXO, HÁ UMA PERSONAGEM DAS HISTÓRIAS DA TURMA DA MÔNICA, MAS ELA ESTÁ ESCONDIDA. PINTE OS NÚMEROS E DESCUBRA QUAL É A PERSONAGEM. DEPOIS, ESCREVA O NOME DELA.

Ilustra Cartoon/Arquivo da editora

PRETO 1 BEGE 2 AMARELO 3 VERMELHO 4 VERDE 5

PRODUÇÃO DE TEXTO

NO FINAL DESTA UNIDADE, VOCÊ VAI PARTICIPAR COM OS COLEGAS DA MOSTRA **QUEM SOU EU?** E NELA VAI EXPOR TEXTOS E OBJETOS QUE MOSTRAM QUEM VOCÊ É.

NO DIA A DIA, PRECISAMOS LIDAR COM DIFERENTES TEXTOS, COMO A AGENDA DE TELEFONES, O CALENDÁRIO E A AGENDA SEMANAL. VAMOS CONHECÊ-LOS?

AGENDA TELEFÔNICA

NO PASSADO, AS PESSOAS TINHAM UMA ESPÉCIE DE CADERNO, CHAMADO **AGENDA**, PARA ANOTAR OS NÚMEROS DE TELEFONE. NA SUA CASA AINDA HÁ UMA AGENDA DESSE TIPO?

HOJE, A MAIORIA DAS PESSOAS USA A AGENDA TELEFÔNICA DO CELULAR POR SER MAIS PRÁTICO. VEJA COMO FUNCIONA:

tele52/Shutterstock

Ilustra Cartoon/Arquivo da editora

1. EM QUE LETRA A PESSOA ABRIU A AGENDA DO CELULAR AO LADO? ESCREVA:

2. QUAL NOME DA AGENDA A PESSOA ESCOLHEU PARA LIGAR?

3. SE ELA QUISER FAZER UMA LIGAÇÃO DE VÍDEO, QUAL ÍCONE ELA DEVE ESCOLHER? MARQUE:

4. SE ELA QUISER FAZER UMA LIGAÇÃO APENAS DE ÁUDIO, QUAL ÍCONE ELA DEVE ESCOLHER? MARQUE:

Ilustrações: Banco de imagens/Arquivo da editora

AGORA É A SUA VEZ

NEM TODAS AS CRIANÇAS USAM CELULAR. POR ISSO, É BOM SABER FAZER UMA AGENDA MANUAL.

1 AGENDA DE TELEFONES ÚTEIS

ANOTE NA TABELA OS TELEFONES DE EMERGÊNCIA QUE O PROFESSOR VAI DITAR:

TELEFONES ÚTEIS	

2 PARTICIPE DA CRIAÇÃO COLETIVA DE UMA AGENDA TELEFÔNICA DA TURMA.

RECORTE A AGENDA DA PÁGINA 305, NO FINAL DO LIVRO. ESCREVA NA FRENTE O SEU NOME. DEPOIS, SEGUINDO A ORDEM ALFABÉTICA, ESCREVA O NOME DE CADA ALUNO DA TURMA, A DATA DE ANIVERSÁRIO E O NÚMERO DO TELEFONE DELE. VEJA ABAIXO O EXEMPLO.

NOME	DATA DO ANIVERSÁRIO	TELEFONE
ALINE	12/6	98231-4799
BRUNO	10/11	3761-5744

Ilustra Cartoon/Arquivo da editora

CALENDÁRIO

NO COMEÇO DESTE CAPÍTULO, VOCÊ ESCREVEU A DATA DO SEU ANIVERSÁRIO. VEJA AGORA COMO LOCALIZAR ESSA DATA EM UM CALENDÁRIO.

Ilustra Cartoon/Arquivo da editora

1. ESSE CALENDÁRIO MOSTRA O MÊS DE JANEIRO DE 2022.

   A) O QUE INDICAM AS LETRAS **D**, **S**, **T**, **Q**, **Q**, **S** E **S**?

   ◯ DIAS DA SEMANA

   ◯ DIAS DO MÊS

   B) RESPONDA ORALMENTE: QUAIS SÃO ESSES DIAS?

2. POR QUE TODOS OS DIAS QUE CAEM NO DOMINGO ESTÃO EM VERMELHO?

   ◯ PARA INDICAR QUE É DIA DE DESCANSO.

   ◯ PARA INDICAR QUE É DIA DE TRABALHO.

3. POR QUE O DIA 1º DE JANEIRO, QUE CAIU EM UM SÁBADO, TAMBÉM ESTÁ EM VERMELHO?

   ◯ PARA INDICAR QUE É DOMINGO.

   ◯ PARA INDICAR QUE É FERIADO (ANO-NOVO).

VEJA AGORA O CALENDÁRIO DO ANO TODO:

2022
CALENDÁRIO

JANEIRO

D	S	T	Q	Q	S	S
						1
2	3	4	5	6	7	8
9	10	11	12	13	14	15
16	17	18	19	20	21	22
23	24	25	26	27	28	29
30	31					

FEVEREIRO

D	S	T	Q	Q	S	S
		1	2	3	4	5
6	7	8	9	10	11	12
13	14	15	16	17	18	19
20	21	22	23	24	25	26
27	28					

MARÇO

D	S	T	Q	Q	S	S
		1	2	3	4	5
6	7	8	9	10	11	12
13	14	15	16	17	18	19
20	21	22	23	24	25	26
27	28	29	30	31		

ABRIL

D	S	T	Q	Q	S	S
					1	2
3	4	5	6	7	8	9
10	11	12	13	14	15	16
17	18	19	20	21	22	23
24	25	26	27	28	29	30

MAIO

D	S	T	Q	Q	S	S
1	2	3	4	5	6	7
8	9	10	11	12	13	14
15	16	17	18	19	20	21
22	23	24	25	26	27	28
29	30	31				

JUNHO

D	S	T	Q	Q	S	S
			1	2	3	4
5	6	7	8	9	10	11
12	13	14	15	16	17	18
19	20	21	22	23	24	25
26	27	28	29	30		

JULHO

D	S	T	Q	Q	S	S
					1	2
3	4	5	6	7	8	9
10	11	12	13	14	15	16
17	18	19	20	21	22	23
24	25	26	27	28	29	30
31						

AGOSTO

D	S	T	Q	Q	S	S
	1	2	3	4	5	6
7	8	9	10	11	12	13
14	15	16	17	18	19	20
21	22	23	24	25	26	27
28	29	30	31			

SETEMBRO

D	S	T	Q	Q	S	S
				1	2	3
4	5	6	7	8	9	10
11	12	13	14	15	16	17
18	19	20	21	22	23	24
25	26	27	28	29	30	

OUTUBRO

D	S	T	Q	Q	S	S
						1
2	3	4	5	6	7	8
9	10	11	12	13	14	15
16	17	18	19	20	21	22
23	24	25	26	27	28	29
30	31					

NOVEMBRO

D	S	T	Q	Q	S	S
		1	2	3	4	5
6	7	8	9	10	11	12
13	14	15	16	17	18	19
20	21	22	23	24	25	26
27	28	29	30			

DEZEMBRO

D	S	T	Q	Q	S	S
				1	2	3
4	5	6	7	8	9	10
11	12	13	14	15	16	17
18	19	20	21	22	23	24
25	26	27	28	29	30	31

Ilustra Cartoon/Arquivo da editora

4 QUANTOS MESES TEM O ANO? CONTE E ESCREVA:

5 O DIA DA CRIANÇA É COMEMORADO EM 12 DE OUTUBRO. NESSE ANO, EM QUE DIA DA SEMANA ELE CAI? ESCREVA.

6 O NATAL É COMEMORADO NO DIA 25 DE DEZEMBRO. EM QUE DIA DA SEMANA ELE CAI? ESCREVA:

7 CIRCULE, NO CALENDÁRIO, A DATA DO SEU ANIVERSÁRIO. DEPOIS, ESCREVA-A:

DIA: ______________________________

AGENDA SEMANAL

DURANTE A SEMANA, VOCÊ DEVE TER VÁRIOS COMPROMISSOS AGENDADOS, COMO LIÇÕES DE CASA, DATA DE ENTREGA DE TRABALHOS E AVALIAÇÕES. PARA AJUDÁ-LO(A) A SE ORGANIZAR, EXISTEM AS AGENDAS.

COM O AUXÍLIO DO PROFESSOR, LEIA ESTA AGENDA ESCOLAR SEMANAL:

SEGUNDA	TERÇA	QUARTA	QUINTA	SEXTA
LEVAR CARTOLINA		AVALIAÇÃO DE MATEMÁTICA		LEVAR GARRAFA PET

NÃO ESQUECER

REUNIÃO POR VIDEOCONFERÊNCIA TERÇA, ÀS 15H

ANOTAÇÕES

LEVAR DINHEIRO PARA O PRESENTE DO DIA DOS PAIS

DATA DA MOSTRA: ___/___/___.

Ilustra Cartoon/Arquivo da editora

AGORA É A SUA VEZ

QUAIS COMPROMISSOS VÃO ACONTECER NESTA SEMANA: LIÇÕES, PROVAS, TRABALHOS? ANOTE SUAS ATIVIDADES NA AGENDA, NA COLUNA DE CADA DIA DA SEMANA.

DEPOIS, CONFRONTE SUAS ANOTAÇÕES COM AS DO PROFESSOR E CORRIJA O QUE FOR NECESSÁRIO.

SEGUNDA	TERÇA	QUARTA	QUINTA	SEXTA

Ilustra Cartoon/Arquivo da editora

NÃO ESQUECER	ANOTAÇÕES

DIVIRTA-SE

RESOLVA ESTA CHARADINHA:

QUAIS SÃO OS PINGOS QUE NUNCA MOLHAM?

Sashelle/Shutterstock

CAPÍTULO 3

IRMÃOS, AMIGOS

LEITURA

VOCÊ TEM IRMÃO OU IRMÃ? COM O AUXÍLIO DO PROFESSOR E DOS COLEGAS, LEIA O POEMA:

TEXTO 1

Jean Galvão/Arquivo da editora

IRMÃO

A PALAVRA **IRMÃO**
É APOIO E COMPANHIA
NAS HORAS DE PURO AFETO,
NAS HORAS DE CALMARIA.

A PALAVRA **IRMÃO**
LOGO VIRA BRIGA, BERRO,
RAIVA, PALAVRÃO E CIUMEIRA.

COM TODA A CONTRADIÇÃO,
SINTO PENA DE QUEM NÃO TEM
A PALAVRA **IRMÃO**!

(Elias José. *Pequeno dicionário poético-humorístico ilustrado.* São Paulo: Paulinas, 2006. p. 51.)

1 O POEMA É DIVIDIDO EM TRÊS PARTES OU TRÊS ESTROFES. TODAS ELAS FALAM DO QUE É TER IRMÃO. A PRIMEIRA PARTE FALA:

◯ DAS COISAS POSITIVAS.

◯ DAS COISAS NEGATIVAS.

2 A SEGUNDA PARTE DO POEMA FALA:

◯ DAS COISAS POSITIVAS.

◯ DAS COISAS NEGATIVAS.

3 MARQUE O QUE **NÃO** É POSITIVO:

◯ COMPANHIA

◯ AFETO

◯ RAIVA

QUEM É ELIAS JOSÉ?

ELIAS JOSÉ (1936-2008) NASCEU EM GUARANÉSIA, MINAS GERAIS. FOI ESCRITOR, POETA E PROFESSOR DE LITERATURA INFANTOJUVENIL. PUBLICOU DEZENAS DE OBRAS, COMO *NAMORINHO DE PORTÃO*, *LUA NO BREJO* E *FORROBODÓ NO FORRÓ*.

Reprodução/Acervo pessoal

4 A TERCEIRA PARTE FALA QUE EXISTE UMA **CONTRADIÇÃO** NA RELAÇÃO ENTRE IRMÃOS. O QUE É UMA CONTRADIÇÃO? COMO ELA ACONTECE NO POEMA? EXPLIQUE ORALMENTE AO PROFESSOR E AOS COLEGAS.

5 COMO CONCLUSÃO DO POEMA, É BOM OU RUIM TER IRMÃO?

◯ BOM ◯ RUIM

6 QUE PALAVRAS COMPROVAM SUA RESPOSTA ANTERIOR?

◯ SINTO PENA ◯ CONTRADIÇÃO

7 ALGUMA VEZ VOCÊ JÁ SENTIU RAIVA DE SEU IRMÃO OU DE SUA IRMÃ? E ESSA RAIVA PASSOU LOGO? CONTE PARA OS COLEGAS.

8 SE VOCÊ TEM **IRMÃO** OU **IRMÃ**, ESCREVA:

A) O NOME DE SEU IRMÃO: ______________________________

B) O NOME DE SUA IRMÃ: ______________________________

9 OBSERVE A GRAFIA DA PALAVRA **IRMÃO**.

A) RESPONDA ORALMENTE: O QUE É PRECISO PARA ELA VIRAR **IRMÃ**?

B) FAÇA O MESMO COM **ÓRFÃO**, **ANÃO** E **CIDADÃO**.

____

DE OLHO NA ORALIDADE: DECLAMAÇÃO

FORMEM GRUPOS DE QUATRO ALUNOS CADA UM E SIGAM AS ORIENTAÇÕES PARA ENSAIAR A DECLAMAÇÃO DO POEMA "IRMÃO".

DIVIDAM OS VERSOS. UM ALUNO SERÁ O ALUNO 1, OUTRO SERÁ O ALUNO 2, E ASSIM POR DIANTE. CADA ALUNO DEVE LER O SEU VERSO. NOS DOIS ÚLTIMOS VERSOS, TODOS LEEM JUNTOS.

TODOS: **IRMÃO**

ALUNO 1: A PALAVRA **IRMÃO**
ALUNO 2: É APOIO E COMPANHIA
ALUNO 3: NAS HORAS DE PURO AFETO,
ALUNO 4: NAS HORAS DE CALMARIA.

ALUNO 1: A PALAVRA **IRMÃO**
ALUNO 2: LOGO VIRA BRIGA, BERRO,
ALUNO 3: RAIVA, PALAVRÃO E CIUMEIRA.

ALUNO 4: COM TODA A CONTRADIÇÃO,
TODOS: SINTO PENA DE QUEM NÃO TEM
TODOS: A PALAVRA **IRMÃO**!

Giz de Cera/Arquivo da editora

- MEMORIZE O TÍTULO E OS VERSOS QUE VOCÊ VAI DECLAMAR.
- FAÇA PRIMEIRO UM TREINO COM SEU GRUPO ATÉ QUE TODOS TENHAM MEMORIZADO.
- DECLAMEM ALTO E DE FORMA EXPRESSIVA, PENSANDO NO QUE ESTÃO FALANDO E OUVINDO.
- QUANDO A DECLAMAÇÃO ESTIVER BOA, O PROFESSOR VAI DIZER O MOMENTO DE CADA GRUPO DECLAMAR O POEMA INTEIRO PARA A TURMA.

TEXTO 2

AMIZADE

[...]
TEM HORAS QUE AMIGO
É IGUAL A CARRAPATO.
SE ENCONTRA TODO DIA,
SE LIGA TODO DIA,
DORME NA CASA DO OUTRO TODO DIA,
É AQUELA ALEGRIA!

MAS DEPOIS DE UM TEMPO,
PODE SER QUE O RITMO DESSA AMIZADE
FIQUE MAIS LENTO.

Jean Galvão/Arquivo da editora

MUDAMOS DE ESCOLA,
DE BAIRRO,
DE CIDADE,
OUTROS AMIGOS CHEGAM PRA GENTE.

QUANDO MENOS SE ESPERA...
SURPRESA!
REENCONTRAMOS NOSSO AMIGO.

E AQUELA AMIZADE,
QUE APENAS DORMIA,
SE AQUECE NOVAMENTE.

(Ricardo Elia. *Ritmo é tudo*. São Paulo: Scipione, 2011. p. 22.)

1. O TRECHO "AMIGO É IGUAL A CARRAPATO" QUER DIZER:

( ) AMIGO É CHATO QUE NEM CARRAPATO.

( ) AMIGO VIVE LIGADO AO OUTRO.

( ) AMIGO VIVE INCOMODANDO.

2. DE ACORDO COM O POEMA, DEPOIS DE UMA FASE INTENSA DA AMIZADE, ELA PODE:

( ) TERMINAR.

( ) AUMENTAR MAIS AINDA.

( ) FICAR MAIS TRANQUILA.

3. MARQUE O QUE PODE ALTERAR A AMIZADE, DE ACORDO COM O POEMA:

( ) BRIGAS

( ) FOFOCAS

( ) MUDANÇAS

( ) NOVAS AMIZADES

4. DE ACORDO COM O POEMA, O REENCONTRO COM UM ANTIGO AMIGO PODE:

( ) REAVIVAR A AMIZADE.

( ) PÔR FIM À AMIZADE DE UMA VEZ.

5 O TRECHO "[AQUELA AMIZADE] SE AQUECE NOVAMENTE" QUER DIZER:

◯ A AMIZADE PEGA FOGO.

◯ A AMIZADE É RETOMADA.

◯ A AMIZADE TERMINA.

6 ESCREVA O NOME DE UM AMIGO OU UMA AMIGA DE QUEM VOCÊ GOSTA.

____

TROCANDO IDEIAS

1 VOCÊ JÁ VIVEU UMA SITUAÇÃO COMO A DO POEMA, OU SEJA, NO INÍCIO A AMIZADE ERA INTENSA E DEPOIS FOI ESFRIANDO? SE SIM, A AMIZADE TERMINOU OU ELA CONTINUA ATÉ HOJE, EM OUTRO RITMO?

Cultura RF/Getty Images

2 O QUE DEVEMOS FAZER PARA MANTER A AMIZADE DE NOSSOS AMIGOS?

3 ALÉM DE SERMOS AMIGOS DE PESSOAS, PODEMOS SER AMIGOS DE BICHOS, DE PLANTAS E DE ÁRVORES. O QUE VOCÊ FAZ PARA CULTIVAR ESSA AMIZADE?

REFLEXÃO SOBRE A LINGUAGEM

DE OLHO NA LEITURA E NA ESCRITA: A SÍLABA

NA UNIDADE 1, VOCÊ VIU QUE É POSSÍVEL BRINCAR COM PALAVRAS. VOCÊ BRINCA COM SEUS AMIGOS DE PARLENDAS E CANTIGAS? VAMOS CONHECER MAIS ALGUMAS DELAS NESTE CAPÍTULO.

LEIA A CANTIGA A SEGUIR COM O AUXÍLIO DO PROFESSOR E DOS COLEGAS. DEPOIS, CANTE-A.

BÃO BA-LA-LÃO
SENHOR CAPITÃO,
ESPADA NA CINTA
GINETE NA MÃO.

(Domínio público.)

Jean Galvão/Arquivo da editora

1 VOCÊ SABE O QUE SIGNIFICA A PALAVRA **GINETE**? VEJA ALGUNS SENTIDOS QUE O DICIONÁRIO APRESENTA:

- ( ) CAVALEIRO ARMADO DE LANÇA E ADAGA
- ( ) CAVALO DE BOA RAÇA, LIGEIRO E ADESTRADO

AGORA, MARQUE O SENTIDO QUE ESSA PALAVRA TEM NA CANTIGA.

2 A PALAVRA **BALALÃO** FOI DIVIDIDA EM PARTES MENORES, CHAMADAS **SÍLABAS**.

A) PRONUNCIE DEVAGAR ESSA PALAVRA. QUANTAS SÍLABAS ELA TEM? [ ]

B) QUE SINAL FOI USADO PARA SEPARAR AS SÍLABAS? ESCREVA-O: [ ]

3 AGORA, PRONUNCIE DEVAGAR ESTA PALAVRA:

ESPADA

A) QUANTAS VOGAIS ELA TEM?

B) E QUANTAS SÍLABAS ELA TEM?

4 O NÚMERO DE SÍLABAS DAS SEGUINTES PALAVRAS EQUIVALE AO NÚMERO DE VOGAIS DELAS. ESCREVA O NÚMERO DE SÍLABAS DELAS:

SENHOR: ______________________________

ESPADA: ______________________________

CINTA: ______________________________

COM O AUXÍLIO DO PROFESSOR E DOS COLEGAS, LEIA A PARLENDA A SEGUIR. DEPOIS, RECITE-A.

CHUVA E SOL,

CASAMENTO DE ESPANHOL.

SOL E CHUVA,

CASAMENTO DE VIÚVA.

(Domínio público.)

Jean Galvão/Arquivo da editora

5 LIGUE COM UM TRAÇO AS PALAVRAS QUE RIMAM ENTRE SI.

6 FAÇA COMO NO EXEMPLO: DIVIDA AS PALAVRAS EM SÍLABAS E INDIQUE O NÚMERO DE SÍLABAS DE CADA PALAVRA.

CASAMENTO	**CA-SA-MEN-TO**	**4 SÍLABAS**
CHUVA		
SOL		
ESPANHOL		
VIÚVA		

7 MARQUE COM UM X A PALAVRA QUE COMEÇA COM A MESMA SÍLABA QUE **CASAMENTO**:

( ) COBRA
( ) CAMA
( ) CUTIA
( ) CEBOLA

8 MARQUE COM UM X A PALAVRA QUE TERMINA COM A SÍLABA FINAL DE **CASAMENTO**:

( ) PELE
( ) PATO
( ) BOLA
( ) MEDO

Palugada/Shutterstock

9 MARQUE COM UM X AS PALAVRAS QUE COMEÇAM COM A MESMA SÍLABA QUE **CHUVA**:

( ) CHULÉ
( ) CHEIRO
( ) CHAVE
( ) CHUCHU

10 MARQUE A PALAVRA QUE COMEÇA COM A SÍLABA FINAL DE **CHUVA**:

( ) VELA
( ) VOAR
( ) VACA
( ) VILA

curiosity/Shutterstock

11 LEIA ESTAS PALAVRAS EM VOZ ALTA. FAÇA UMA PAUSA ENTRE UMA SÍLABA E OUTRA.

CINTA   CHUVA   A   ESPANHOL   SORVETE

IDENTIFIQUE NESSAS PALAVRAS E ESCREVA:

A) UMA SÍLABA FORMADA APENAS POR UMA VOGAL:

B) UMA SÍLABA FORMADA POR UMA VOGAL + UMA CONSOANTE:

C) UMA SÍLABA FORMADA POR UMA CONSOANTE + UMA VOGAL:

D) UMA SÍLABA FORMADA POR UMA CONSOANTE + UMA VOGAL + UMA CONSOANTE:

E) UMA SÍLABA FORMADA POR DUAS CONSOANTES + UMA VOGAL:

F) UMA SÍLABA FORMADA POR DUAS CONSOANTES + UMA VOGAL + UMA CONSOANTE.

LEIA ESTA PARLENDA:

FUI À FEIRA COMPRAR UVA
ENCONTREI UMA CORUJA;
EU PISEI NO RABO DELA
ME CHAMOU DE CARA SUJA.

(Da tradição popular.)

Felipe Câmelo/Arquivo da editora

12 VEJA A LETRA INICIAL DAS PALAVRAS ABAIXO E COMPLETE A CRUZADINHA.

UVA RABO SUJA CORUJA CARA

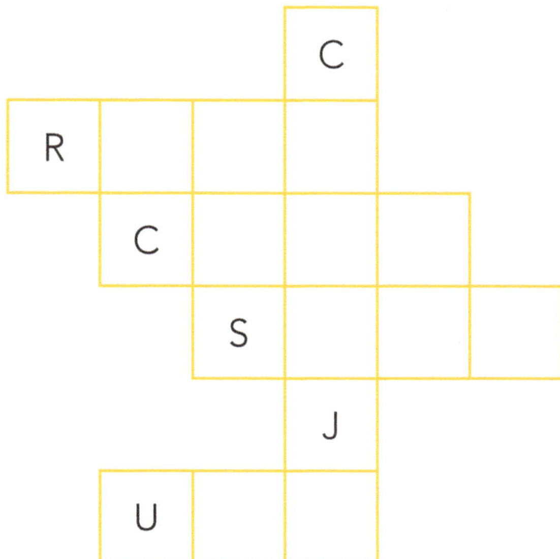

13 MARQUE COM UM X A PALAVRA QUE COMEÇA COM A MESMA SÍLABA QUE **CORUJA**:

- ( ) CAMA
- ( ) COCO
- ( ) CUCO
- ( ) CAPA

Felipe Câmelo/Arquivo da editora

14 QUANTAS LETRAS TEM A PALAVRA **CORUJA**? ESCREVA:

15 QUANTAS SÍLABAS TEM A PALAVRA **CORUJA**? ESCREVA:

BRINCANDO COM PALAVRAS

1 LUCAS ESCREVEU UMA CARTA ENIGMÁTICA PARA A MÃE, DIZENDO O QUE ELE GOSTARIA DE GANHAR NO DIA DAS CRIANÇAS. AJUDE A MÃE A DESCOBRIR O QUE É. LEIA:

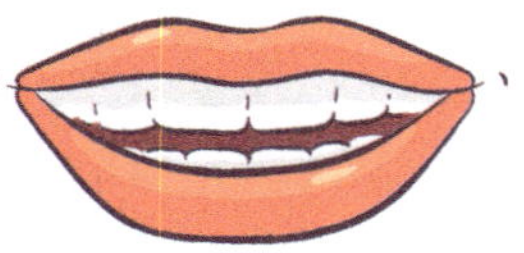
Antonov Maxim/ Shutterstock

– CA +

Jean Galvão/Arquivo da editora

– PIS

SE VOCÊ DESCOBRIU, ESCREVA QUAL É O PRESENTE E, AO LADO, DESENHE-O.

2 VOCÊ SABE FALAR A LÍNGUA DO PÊ? É FÁCIL. LEIA:

PE-VÔ-PE-CÊ PE-SA-PE-BE PE-FA-PE-LAR
PE-A PE-LÍN-PE-GUA PE-DO PE-PÊ?

O SEGREDO É COLOCAR A SÍLABA **PE** ANTES DE CADA UMA DAS SÍLABAS DAS PALAVRAS.

A) FAÇA UM TREINO. TENTE FALAR A ADIVINHA A SEGUIR NA LÍNGUA DO PÊ.

UMA CASINHA COM DUAS JANELINHAS
SE OLHAS PARA ELA, FICAS ZAROLHA.

B) AGORA DÊ A RESPOSTA DA ADIVINHA NA LÍNGUA DO PÊ.

3 RISQUE TODAS AS LETRAS **B** E DESCUBRA DOIS PERSONAGENS DE FILMES QUE SÃO GRANDES AMIGOS. ESCREVA OS NOMES ENCONTRADOS E FAÇA AS ILUSTRAÇÕES CORRESPONDENTES.

BBBNEBBBBMOBBBBBB

BBBBBDOBBBBBRIBBBBBBB

4 AO BRINCAR COM OUTRAS CRIANÇAS, VOCÊ JÁ TIROU A SORTE PARA VER QUEM COMEÇAVA A BRINCADEIRA? VEJA UM JEITO DE FAZER ISSO.

UNI, DUNI, TÊ

FORMA-SE UMA RODA. ALGUÉM FICA NO MEIO E VAI APONTANDO PARA CADA UM DOS COLEGAS, RECITANDO:

U-NI, DU-NI, TÊ
SA-LA-MÊ, MIN-GUÊ.
UM SOR-VE-TE CO-LO-RÊ
O ES-CO-LHI-DO FOI VO-CÊ.

(Da tradição popular.)

Giz de Cera/Arquivo da editora

O SORTEADO É AQUELE QUE CAIR COM A SÍLABA **CÊ**.

AGORA, RESPONDA:

A) QUANTAS SÍLABAS TEM A PALAVRA **SALAME**?

B) E A PALAVRA **SORVETE**?

5 QUER CONHECER OUTRO JEITO DE TIRAR A SORTE? LEIA A PARLENDA DE ESCOLHA A SEGUIR COM O AUXÍLIO DO PROFESSOR OU DE UM COLEGA. DEPOIS, TENTE FALAR RÁPIDO O TEXTO, MEMORIZANDO-O.

EM CIMA DO PIANO

TODOS ESTENDEM AS MÃOS FECHADAS, ENQUANTO ALGUÉM BATE DE LEVE SOBRE ELAS, RECITANDO:

LÁ EM CIMA DO PIANO
TEM UM COPO DE VENENO
QUEM BEBEU MORREU
O CULPADO NÃO FUI EU.

(Da tradição popular.)

QUEM RECEBER O ÚLTIMO TAPINHA É O ESCOLHIDO.

Giz de Cera/Arquivo da editora

AGORA, COM O LÁPIS, DIVIDA AS PALAVRAS DA PARLENDA EM SÍLABAS. DEPOIS, COMPARE SUA RESPOSTA COM A DOS COLEGAS.

6 SOBRE ESTAS PALAVRAS DA PARLENDA

QUEM	COPO	VENENO

A) QUAL É A QUE TEM MAIS SÍLABAS? ESCREVA E PREENCHA O NÚMERO DE SÍLABAS:

[ ] [ ] SÍLABA(S)

B) E QUAL É A QUE TEM O MENOR NÚMERO DE SÍLABAS? ESCREVA E PREENCHA O NÚMERO DE SÍLABAS:

[ ] [ ] SÍLABA(S)

7 **JOGO DAS SÍLABAS**

FORME COM OS COLEGAS UM GRUPO DE 4 OU 5 JOGADORES. DECIDAM COM UMA PARLENDA DE ESCOLHA QUEM VAI COMEÇAR O JOGO. O ESCOLHIDO DIZ UMA PALAVRA. O JOGADOR SEGUINTE TEM DE DIZER OUTRA PALAVRA QUE COMECE COM A SÍLABA INICIAL DA PALAVRA DITA. POR EXEMPLO, SE A PRIMEIRA PESSOA DIZ **BANANA**, A SEGUINTE PODE DIZER **BACIA**, A PRÓXIMA DIZ **BARULHO**, E ASSIM POR DIANTE. QUANDO ALGUÉM DEMORAR MUITO PARA DIZER UMA NOVA PALAVRA, FICA FORA DO JOGO. NESSE MOMENTO, O PRÓXIMO PARTICIPANTE DEVE DIZER UMA PALAVRA INICIADA COM A LETRA SEGUINTE DO ALFABETO. NO CASO, SERIA A LETRA **C**.

Jean Galvão/Arquivo da editora

PRODUÇÃO DE TEXTO

O BILHETE

IMAGINE ESTA SITUAÇÃO: O PAI DE VINÍCIUS FOI TRABALHAR LOGO CEDO. ELE QUERIA DIZER ALGO PARA O FILHO, MAS O MENINO ESTAVA DORMINDO. LEIA O TEXTO.

> VI,
>
> HOJE QUEM VAI PEGAR VOCÊ NA ESCOLA É O VÔ CLÁUDIO, TÁ? EU VOU TER UMA REUNIÃO ATÉ MAIS TARDE.
>
> BEIJO!
>
> PAPAI

1. QUEM ESCREVEU O BILHETE?

___

2. PARA QUEM O BILHETE FOI ESCRITO?

___

3. O PAI DE VINÍCIUS ESCREVEU O BILHETE PARA INFORMAR QUE:

( ) A MÃE VAI PEGAR O FILHO NO FINAL DAS AULAS.

( ) O AVÔ VAI PEGAR O MENINO NO FINAL DAS AULAS.

4. A DESPEDIDA É FEITA COM A PALAVRA:

( ) TCHAU! ( ) BEIJO!

AGORA É A SUA VEZ

NAS PRÓXIMAS AULAS, VOCÊ VAI MONTAR UM **ÁLBUM DE FAMÍLIA**. VAMOS ESCREVER UM BILHETE, PEDINDO AOS SEUS PAIS OU RESPONSÁVEIS QUE SEPAREM AS FOTOS DA FAMÍLIA? JUNTE-SE A UM COLEGA E ESCREVAM UM BILHETE. SIGAM AS INSTRUÇÕES.

Ilustrações: Jean Galvão/Arquivo da editora

PLANEJAMENTO DO TEXTO

- COMECEM ESCREVENDO **MAMÃE E PAPAI** OU O NOME DE UM RESPONSÁVEL.
- DEPOIS, PEÇAM A ELES QUE SEPAREM ALGUMAS FOTOS DA FAMÍLIA (PAIS, IRMÃOS, AVÓS E BISAVÓS, SE TIVER) PARA MONTAR O ÁLBUM.
- INFORMEM O DIA EM QUE VOCÊS VÃO PRECISAR DAS FOTOS.
- ESCREVAM UMA PALAVRA DE DESPEDIDA (**BEIJO**, **TCHAU**).
- ASSINEM.

REVISÃO E REESCRITA

FAÇAM A REVISÃO DO BILHETE:

- ESCREVERAM, NO INÍCIO, **MAMÃE E PAPAI** OU O NOME DE UM RESPONSÁVEL?
- FICOU CLARO O QUE VOCÊS QUEREM E PARA QUANDO?
- O BILHETE TEM UMA DESPEDIDA?
- O BILHETE FOI ASSINADO?
- AS PALAVRAS ESTÃO ESCRITAS CORRETAMENTE?

CORRIJAM O QUE FOR NECESSÁRIO E, DEPOIS, PASSEM O BILHETE A LIMPO. SE QUISEREM, FAÇAM UMA ILUSTRAÇÃO.

ÁLBUM DE FAMÍLIA

MUITAS FAMÍLIAS REGISTRAM SEUS PRINCIPAIS MOMENTOS COM FOTOS, GUARDADAS EM ÁLBUNS DE PAPEL OU DIGITAIS.

VAMOS FAZER UM ÁLBUM EM PAPEL? COMBINE COM O PROFESSOR QUANDO A ATIVIDADE VAI SER FEITA E, NO DIA, TRAGA AS FOTOS E O MATERIAL.

VOCÊ VAI PRECISAR DE:

- PAPÉIS DE REVISTA.
- 10 A 12 FOTOS DA FAMÍLIA.
- 6 FOLHAS DE PAPEL SULFITE A4.
- 1 FOLHA DE PAPEL *KRAFT* GROSSO COLORIDO.
- TESOURA SEM PONTA.
- BARBANTE.
- LÁPIS DE COR.
- COLA.

PLANEJAMENTO DO ÁLBUM

- DOBRE 5 OU 6 FOLHAS DE PAPEL SULFITE A4 AO MEIO.

- PREPARE UMA CAPA PARA O ÁLBUM COM PAPEL *KRAFT*. ESCREVA NELA **ÁLBUM DE FAMÍLIA** E, SE QUISER, FAÇA ILUSTRAÇÕES OU COLE NELA UMA FOTO DE TODA A FAMÍLIA.

- FAÇA UM FURO NO DORSO DAS FOLHAS E AMARRE-AS COM BARBANTE.
- EM CADA PÁGINA DO MIOLO, VOCÊ PODE COLAR UMA OU MAIS FOTOS.

Ilustrações: Jean Galvão/Arquivo da editora

- NO ESPAÇO QUE SOBRAR EM CADA PARTE, VOCÊ PODE COLAR PAPEL COLORIDO OU PAPEL DE REVISTA OU PODE PINTAR E ILUSTRAR.
- EMBAIXO DE CADA FOTO, ESCREVA UMA LEGENDA. PODE SER O NOME DAS PESSOAS DA FOTO E, SE QUISER, O LOCAL, A DATA OU A SITUAÇÃO DA FOTO.

REVISANDO O ÁLBUM

- O ÁLBUM FICOU BEM MONTADO?
- A CAPA ESTÁ BONITA?
- AS FOTOS ESTÃO BEM COLADAS?
- AS PÁGINAS ESTÃO BEM DECORADAS OU ILUSTRADAS?
- AS LEGENDAS EXPLICAM AS FOTOS?

TUTORIAIS NA INTERNET

NA INTERNET, VOCÊ PODE ENCONTRAR VÁRIOS TUTORIAIS EXPLICANDO COMO FAZER UM ÁLBUM DE FOTOS. VEJA DOIS EXEMPLOS:

- https://www.youtube.com/watch?v=GmXVLzOe0Yg
- https://www.youtube.com/watch?v=n4LEuFleqao

DE OLHO NA ORALIDADE: APRESENTAÇÃO

Jean Galvão/Arquivo da editora

QUANDO O ÁLBUM ESTIVER PRONTO, VÁ À FRENTE DA SALA E APRESENTE-O AOS COLEGAS. MOSTRE AS FOTOS E COMENTE CADA UMA DELAS, DIZENDO QUEM SÃO AS PESSOAS FOTOGRAFADAS, QUANDO A FOTO FOI TIRADA, QUAL ERA A SITUAÇÃO, SE ACONTECEU ALGO ENGRAÇADO NAQUELE MOMENTO, ETC.

DIVIRTA-SE

© Armandinho, de Alexandre Beck/Acervo do cartunista

(Alexandre Beck. *Armandinho seis.* Florianópolis: A. C. Beck, 2015. p. 34.)

OFICINA DE CRIAÇÃO

PROJETO: QUEM SOU EU?

PARTICIPE COM OS COLEGAS DO PROJETO **QUEM SOU EU?**. VOCÊS VÃO REALIZAR UMA MOSTRA DE TEXTOS, DESENHOS, FOTOGRAFIAS E COLEÇÕES. CONVIDE SUA FAMÍLIA E SEUS AMIGOS PARA VISITAR A MOSTRA.

Monkey Business Images/Shutterstock

pixelheadphoto digitalskillet/Shutterstock

Monkey Business Images/Shutterstock

anek.soowannaphoom/Shutterstock

PARTICIPANDO DA EXPOSIÇÃO

1. QUEM SOU EU?

COM A ORIENTAÇÃO DO PROFESSOR, EXPONHA SOBRE UMA MESA UM CRACHÁ COM SEU NOME, A FICHA PESSOAL E A AGENDA TELEFÔNICA QUE VOCÊ FEZ NESTA UNIDADE.

DURANTE A EXPOSIÇÃO, CONTE PARA OS VISITANTES A ORIGEM DE SEU NOME: QUEM O ESCOLHEU, POR QUÊ, ETC.

Ilustra Cartoon/Arquivo da editora

2. ÁLBUM DE FAMÍLIA

EXPONHA SOBRE UMA MESA OU UMA CARTEIRA O ÁLBUM DE RETRATOS QUE VOCÊ CRIOU COM AS FOTOS DA SUA FAMÍLIA. MOSTRE PARA OS VISITANTES AS FOTOS E INFORME O MOMENTO EM QUE ELAS FORAM TIRADAS, A IDADE QUE VOCÊ TINHA NA ÉPOCA, QUEM SÃO OS FAMILIARES, ETC.

Ilustra Cartoon/Arquivo da editora

3. ÁRVORE GENEALÓGICA DA FAMÍLIA

COM A ORIENTAÇÃO DO PROFESSOR, MONTEM UM PAINEL COM AS ÁRVORES GENEALÓGICAS DA TURMA. USEM CARTOLINAS, COLEM FOTOS DOS FAMILIARES E NÃO SE ESQUEÇAM DE ESCREVER AS LEGENDAS INDICANDO O GRAU DE PARENTESCO ENTRE AS PESSOAS.

Ilustra Cartoon/Arquivo da editora

DURANTE A MOSTRA, APRESENTEM SUAS ÁRVORES GENEALÓGICAS PARA OS CONVIDADOS.

4. FOTOGRAFIAS E *HOBBIES*

COLOQUE AO LADO DA FICHA PESSOAL E DO ÁLBUM DE FOTOGRAFIAS OS SEUS *HOBBIES*: COLEÇÃO DE CARRINHOS, DE BONECAS, DE FIGURINHAS, ETC.; IMAGENS DE ARTISTAS OU DE SERIADOS FAVORITOS, DVDS E JOGOS PREFERIDOS, ETC. DURANTE A MOSTRA, CONVERSE COM OS CONVIDADOS, MOSTRE SEUS *HOBBIES*, COMENTANDO POR QUE GOSTA DAQUELES OBJETOS OU OS COLECIONA. QUAIS SÃO OS MAIS IMPORTANTES, POR QUÊ, ETC.

Ilustra Cartoon/Arquivo da editora

5. O MUNDO IDEAL

COLOQUEM, EM UM LOCAL VISÍVEL, AS CARTOLINAS COM AS LISTAS QUE A TURMA PRODUZIU SOBRE OS PROBLEMAS DO LUGAR ONDE VOCÊS VIVEM E SOBRE COMO SERIA O MUNDO IDEAL. CONVERSEM COM OS VISITANTES SOBRE OS PROBLEMAS DO BAIRRO OU DA CIDADE.

Giz de Cera/Arquivo da editora

6. DECLAMAÇÃO DE POEMA

APRESENTEM PARA OS CONVIDADOS A DECLAMAÇÃO DO POEMA "IRMÃO", QUE VOCÊS ENSAIARAM NO CAPÍTULO 3.

Giz de Cera/Arquivo da editora

UNIDADE 3

FAZENDO ARTE

VOCÊ JÁ OUVIU UM ADULTO DIZER "NÃO FAZ ARTE, MENINO! NÃO FAZ ARTE, MENINA!"? POIS "FAZER ARTE" NÃO É SÓ FAZER BAGUNÇA! VOCÊ GOSTA DE DESENHAR? DE DANÇAR? E DE FAZER ESCULTURAS DE MASSINHA? JÁ BRINCOU DE SER CANTOR OU PERSONAGEM DE UMA HISTÓRIA? SE JÁ FEZ ALGUMA DESSAS COISAS, VOCÊ TAMBÉM É ARTISTA!

wavebreakmedia/Shutterstock

PALHAÇO

É UMA PALAVRA COLORIDA,
QUE DANÇA, REBOLA,
SACODE A PANÇA,
SALTA E TOMBA,
BATE E ESFOLA
TODA A POUPANÇA.

(Elias José. *Pequeno dicionário poético-humorístico ilustrado*. São Paulo: Paulinas, 2006. p. 72.)

Roberto Weigand/Arquivo da editora

DIVIRTA-SE... E FIQUE POR DENTRO!

Biry Sarkis/
Arquivo da editora

FILMES E VÍDEOS

Reprodução/L'Atelier Animation

- ASSISTA AOS 14 CLIPES DO DVD *PEQUENO CIDADÃO*, DA BANDA PEQUENO CIDADÃO, QUE CONTA COM A PARTICIPAÇÃO DE VÁRIOS PAIS E FILHOS MÚSICOS.
- ASSISTA TAMBÉM AOS FILMES: *FANTASIA E FANTASIA 2000*, DOS ESTÚDIOS DISNEY; *O MÁGICO DE OZ*, DA METRO-GOLDWYN-MAYER FILMES; E *A BAILARINA*, DE ERIC SUMMER, DA PARIS FILMES.
- E, PARA CONHECER ARTISTAS DE TODO O MUNDO, VEJA O PROGRAMA *TRAÇANDO ARTE*, DA TV RÁ-TIM-BUM: http://tvratimbum.cmais.com.br/.

SITES

- VISITE MUSEUS DO MUNDO TODO NO *SITE* DO GOOGLE ARTES E CULTURA: https://artsandculture.google.com
- APRENDA SOBRE ARTE NO MUNDO DE BARTÔ: https://bartoitaucultural.org/
- SAIBA MAIS SOBRE A VIDA E A OBRA DO ESCRITOR ZIRALDO: http://www.educacional.com.br/ziraldo/
- ESCOLHA DESENHOS PARA IMPRIMIR E MOSTRAR O ARTISTA QUE EXISTE EM VOCÊ: https://www.desenhosecolorir.com.br/

LIVROS

Reprodução/Editora Melhoramentos

VÁ À BIBLIOTECA DA ESCOLA OU À BIBLIOTECA DO BAIRRO OU DA CIDADE ONDE VOCÊ MORA E VEJA SE OS LIVROS INDICADOS A SEGUIR ESTÃO DISPONÍVEIS PARA EMPRÉSTIMO. SE NÃO ESTIVEREM, SELECIONE OUTROS SOBRE O TEMA DESTA UNIDADE.

- *CURSO DE ARTE PARA CRIANÇAS*, DE MICK MANNING E BRITA GRANSTRÖM (PUBLIFOLHINHA).
  NESSE LIVRO, OS AUTORES ENSINAM COMO FAZER DESENHOS, PINTURA, COLAGEM, GRAVURA E ARTES GRÁFICAS.
- LEIA TAMBÉM: *HISTÓRIA EM QUADRÕES*, VOLUMES 1 E 2, DE MAURICIO DE SOUSA (GLOBO); *O LIVRO DAS MÁGICAS DO MENINO MALUQUINHO*, DE ZIRALDO (MELHORAMENTOS); E *DESCUBRA COMO FOI A INFÂNCIA DE TARSILA DO AMARAL*, UMA IMPORTANTE PINTORA BRASILEIRA, NO LIVRO DE CARLA CARUSO (CALLIS).

MÚSICAS

Reprodução/Gravadora MCD

- OUÇA OS CDS DO GRUPO PEQUENO CIDADÃO.
- OUÇA TAMBÉM OS CDS *JOGO DO TUM PÁ!*, DO GRUPO BARBATUQUES, *PÉ COM PÉ* E *CARNAVAL PALAVRA CANTADA*, DO GRUPO PALAVRA CANTADA, E *CIRCO*, COM ARRELIA, PARLAPATÕES, FIGURINHA, ANTÔNIO NÓBREGA, PICOLINO E PURURUCA.

OFICINA DE CRIAÇÃO

PROJETO: MOSTRA DE ARTE

- PARTICIPE DA REALIZAÇÃO DE UMA MOSTRA DE ARTE DESENHANDO, PINTANDO, DECLAMANDO POEMAS, FAZENDO TRUQUES DE MÁGICA, MONTANDO PAINÉIS E MUITO MAIS!

Jean Galvão/Arquivo da editora

CAPÍTULO 1

VAI COMEÇAR O ESPETÁCULO!

LEITURA DE IMAGEM

OBSERVE ESTA PINTURA:

Militão dos Santos/Acervo do artista

(Disponível em: https://militaodossantos.com/. Acesso em: 15/10/2020.)

EXPRESSÃO ORAL

RESPONDA ORALMENTE ÀS PERGUNTAS QUE O PROFESSOR VAI FAZER.

EXPRESSÃO ESCRITA

1. QUAL É O NOME DO CIRCO RETRATADO NA PINTURA? ESCREVA.

2. RESPONDA ORALMENTE: QUEM ESTÁ SEGURANDO UMA PLACA E O QUE ELA INFORMA?

3. NO CIRCO HÁ MUITOS ARTISTAS. FAÇA A CORRESPONDÊNCIA ENTRE IMAGEM E PALAVRA:

Militão dos Santos/Acervo do artista

EQUILIBRISTA	LEVANTADOR DE PESO	MALABARISTA

QUEM É MILITÃO DOS SANTOS?

MILITÃO DOS SANTOS NASCEU NO RECIFE. AOS 7 ANOS, CONTRAIU MENINGITE E PERDEU 100% DA AUDIÇÃO. FOI ENTÃO MORAR NO RIO DE JANEIRO PARA ESTUDAR NO INSTITUTO NACIONAL DE EDUCAÇÃO DE SURDOS, ONDE PÔDE DESENVOLVER SUA HABILIDADE ARTÍSTICA. SAIBA MAIS SOBRE O TRABALHO DO PINTOR PESQUISANDO EM: www.militaodossantos.com.

Militão dos Santos/Acervo do artista

4 HÁ ALGUNS ANIMAIS NA PINTURA. COMPLETE O NOME DE ALGUNS DELES COM AS SÍLABAS QUE FALTAM.

___ GRE

POM ___

Militão dos Santos/Acervo do artista

A ___ RA

CA ___ LO

___ CA

5 NEM TODOS OS ANIMAIS DA QUESTÃO 4 TRABALHAM NO CIRCO. CIRCULE OS QUE SÃO DO CIRCO.

6 UM DOS PÁSSAROS RETRATADOS NA PINTURA COSTUMA APARECER EM ESPETÁCULOS DE MÁGICA. QUAL É ELE? MARQUE COM UM X:

Militão dos Santos/Acervo do artista

( ) POMBA

( ) ARARA

7 QUANTAS SÍLABAS TEM O NOME DO PÁSSARO QUE VOCÊ MARCOU?

8 ESCREVA AS VOGAIS QUE HÁ NO NOME DESSE PÁSSARO:

9 PINTE A PALAVRA QUE COMEÇA COM A SÍLABA INICIAL DO NOME DESSE PÁSSARO:

POTE BOMBA TROMPA POMPOM

10 CIRCULE A PALAVRA QUE TERMINA COM A SÍLABA FINAL DO NOME DESSE PÁSSARO.

POMAR	TROMBA	MONTA	BAMBO

11 O AUTOR DESSE QUADRO, MILITÃO DOS SANTOS, É UM ARTISTA. MARQUE QUAL É A PROFISSÃO DELE.

( ) ESCRITOR ( ) PINTOR ( ) MÚSICO

DE OLHO NA ORALIDADE: DEBATENDO O USO DE ANIMAIS NO CIRCO

David Tadevosian/Shutterstock

O USO DE ANIMAIS EM CIRCO É PROIBIDO EM VÁRIOS PAÍSES, COMO MÉXICO, SUÉCIA, GRÉCIA E FINLÂNDIA. NO BRASIL, É PROIBIDO APENAS EM ALGUNS ESTADOS, MAS ESTÁ PARA SER VOTADA UMA LEI QUE PODE TORNÁ-LO PROIBIDO EM TODO O PAÍS.

O PROBLEMA DE USAR ANIMAIS EM CIRCO É QUE, PRIMEIRO, ELES SÃO RETIRADOS DA NATUREZA. DEPOIS, AO VIVEREM EM LUGARES INADEQUADOS E TRABALHAREM MUITO, FICAM ESTRESSADOS, DOENTES E PODEM ATÉ MORRER.

NO ENTANTO, HÁ PESSOAS QUE GOSTAM DE VER ANIMAIS AMESTRADOS E SE DIVERTEM COM ELES.

O QUE VOCÊ ACHA DISSO? VOCÊ É A FAVOR OU CONTRA O USO DE ANIMAIS EM CIRCOS? POR QUÊ?

REFLEXÃO SOBRE A LINGUAGEM

DE OLHO NA LEITURA E NA ESCRITA: P, B, T, D, F, V

LEIA ESTE POEMA COM A AJUDA DO PROFESSOR E DOS COLEGAS:

MARMELADA NO CIRCO

— HOJE TEM MARMELADA?
— TEM, SIM SENHOR
— HOJE TEM GOIABADA?
— TEM, SIM SENHOR!

BAILARINAS COLORIDAS
ELEFANTE DANÇADOR
UM PALHAÇO NARIGUDO
E UM URSO COM TAMBOR

LÁ NO ALTO DO TRAPÉZIO
TEM UM HOMEM VOADOR
E AQUI NO PICADEIRO,
UM LEÃO, AI, QUE PAVOR!

MARMELADA? TEM!
GOIABADA? TEM!
TERÉTENTENTENTÉM!
NO CIRCO TEM DE TUDO
E MUITAS CRIANÇAS TAMBÉM!

(Fernanda Sander. *Ideia passarinha*. São José dos Campos: Fernanda Sander Canabrava Bincoleto, 2019. p. 129.)

1 RESPONDA ORALMENTE:

A) O COMEÇO DO POEMA MOSTRA UM DIÁLOGO. QUEM ESTÁ FALANDO E QUEM ESTÁ RESPONDENDO?

B) POR QUE O PALHAÇO É NARIGUDO?

C) QUEM É O HOMEM VOADOR NO ALTO DO TRAPÉZIO?

2 COMPARE ESTAS DUAS PALAVRAS:

PAVOR FAVOR

A) QUAIS SÃO AS LETRAS QUE TORNAM ESSAS PALAVRAS DIFERENTES UMA DA OUTRA? ESCREVA:

B) O QUE AS PESSOAS SENTEM QUANDO VEEM O LEÃO NO CIRCO?

C) QUAL DESTAS OUTRAS PALAVRAS DO TEXTO MAIS SE PARECE COM AS DUAS QUE VOCÊ ACABOU DE COMPARAR? CIRCULE:

NARIGUDO TAMBOR TRAPÉZIO

3 CONTE AS LETRAS DA PALAVRA **TUDO**. ESCREVA O NÚMERO:

4 ESCREVA AS DUAS SÍLABAS DA PALAVRA **TUDO**.

5 ESCREVA AS SÍLABAS DESTAS OUTRAS PALAVRAS:

URSO

TUBO

CIRCO

TODO

MUDO

AGORA, PINTE AS PALAVRAS QUE TÊM APENAS UMA LETRA DIFERENTE DA PALAVRA **TUDO**.

6 COMPARE ESTAS DUAS PALAVRAS:

BAILARINAS	URSO

QUAL DELAS É MAIOR? POR QUÊ? RESPONDA ORALMENTE.

LEIA ESTA HISTÓRIA EM QUADRINHOS COM A AJUDA DO PROFESSOR:

(*Folha de S.Paulo*, 29/11/1997. Folhinha.)

7 O PALHAÇO FLIP ESTÁ AJUDANDO SURIÁ A FAZER UMA POESIA. RESPONDA ORALMENTE:

A) POR QUE SURIÁ QUER FAZER UMA POESIA?

B) VOCÊ ACHA QUE A POESIA DE SURIÁ FICOU BOA? POR QUÊ?

8 ESCREVA AS SÍLABAS DESTAS PALAVRAS:

CAMELO				
CABELO				
PESADELO				

PELO

GELO

RESPONDA ORALMENTE:

- QUAL DESSAS PALAVRAS É A MAIOR? POR QUÊ?
- QUAIS OUTRAS PALAVRAS DA HISTÓRIA EM QUADRINHOS RIMAM COM ELAS?

9 SURIÁ VIVE EM UM CIRCO. VOCÊ JÁ VIU MUITAS COISAS QUE HÁ NO CIRCO. COMPLETE AS PALAVRAS COM AS SÍLABAS QUE FALTAM:

___ LHAÇO

___ MADOR

Ilustrações: Roberto Weigand/ Arquivo da editora

TEN ___

APRESEN ___ DOR

10 QUAL DOS ITENS A SEGUIR COMEÇA COM A SÍLABA INICIAL DE **PALHAÇO**?

( )  ( )  ( ) 

Ilustrações: Roberto Weigand/ Arquivo da editora

11 QUAL DOS ITENS A SEGUIR TERMINA COM A SÍLABA FINAL DE **TENDA**?

( ) 
STILLFX/Shutterstock

( ) 
sweetok/Shutterstock

( ) 
Designs Stock/Shutterstock

12 LEIA AS SEGUINTES PALAVRAS COM A AJUDA DO PROFESSOR:

TUBA	DOCE	BERRO	TENDA
DARDO	POVO	PATA	TELA
PORTA	DEDO	BOLO	TACO
BOLA	BALA	PENTE	DATA

Roberto Weigand/ Arquivo da editora

AGORA, AGRUPE AS PALAVRAS DE ACORDO COM A LETRA INICIAL DE CADA UMA DELAS. VEJA O EXEMPLO.

B	P	T	D
BOLA	PORTA	TUBA	DARDO

13 OBSERVE OS DESENHOS E TROQUE A LETRA INICIAL DE CADA PALAVRA PARA FORMAR PALAVRAS NOVAS. VEJA O EXEMPLO.

PORTA

TORTA

PENTE

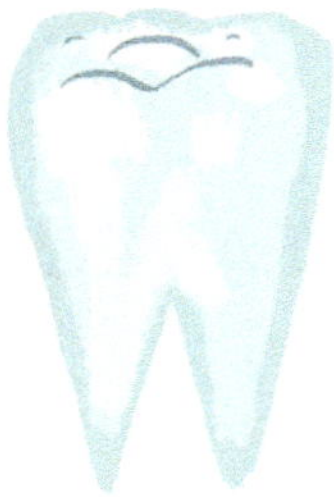

BERRO

TELA

Ilustrações: Jean Galvão/ Arquivo da editora

14 VEJA ESTE CARTAZ DE UM FILME MUITO CONHECIDO:

Reprodução/Walt Disney Pictures/Tim Burton Productions

A) QUAL É O NOME DESSE FILME? ESCREVA:

B) OBSERVE COM ATENÇÃO AS IMAGENS E RESPONDA ORALMENTE: ONDE A HISTÓRIA DESSE FILME SE PASSA?

C) PINTE AS PALAVRAS QUE IDENTIFICAM O QUE VOCÊ VÊ NO CARTAZ.

APRESENTADOR
CAMELO
PÚBLICO
URSO
MALABARISTA
TRAPEZISTA
PIPOCA
ELEFANTE

BRINCANDO COM PALAVRAS

VOCÊ JÁ CONHECEU A SURIÁ, A GAROTA DO CIRCO.

LEIA ESTES QUADRINHOS COM A AJUDA DO PROFESSOR E DOS COLEGAS:

Laerte/Acervo da cartunista

(Disponível em: http://ciabrancaleone.blogspot.com/2009/12/suria-esta-de-volta-com-continuidade-do.html. Acesso em: 15/10/2020.)

1 RESPONDA ORALMENTE:

A) O QUE SURIÁ ESTÁ FAZENDO? E O PAI DELA?

B) O QUE SIGNIFICAM AS PALAVRAS **BOING** E **KLIK**?

2 COMPLETE AS FRASES COM ESTAS PALAVRAS:

TRAPÉZIO	BELO	BUMBO

A) O PALHAÇO TOCA O ______________________.

B) O TRAPEZISTA ESTÁ PENDURADO NO ______________________.

C) SURIÁ DEU UM ______________________ SALTO.

3 LIGUE OS SONS ÀS CENAS:

VUPT!

Ilustrações: Biry Sarkis/Arquivo da editora

BOING!

BUM! BUM!
BUM!

KLIK!

AAAAAHHH!

VOCÊ SABIA QUE O BRASIL TEM MUITOS PALHAÇOS FAMOSOS? LEIA ESTE TEXTO COM A AJUDA DO PROFESSOR E CONHEÇA O NOME DE ALGUNS DELES:

A ARTE DO CIRCO MUDOU MUITO NOS ÚLTIMOS 100 ANOS, E SEU MAIOR REPRESENTANTE, O PALHAÇO, TAMBÉM TEVE QUE SE ADAPTAR AOS NOVOS TEMPOS. [...] RELEMBRE ALGUNS CLÁSSICOS REPRESENTANTES DA ARTE DE FAZER RIR NO CIRCO, E TAMBÉM AQUELES QUE FIZERAM DAS MÍDIAS ELETRÔNICAS O SEU PICADEIRO.

ARRELIA
PIMENTINHA
CAREQUINHA
TORRESMO
PIOLIN
CHICHARRÃO
FUZARCA
ATCHIM E ESPIRRO
PATATI E PATATÁ
BOZO

Autorizado por Eduardo dos Reis, o Palhaço Atchim

ATCHIM E ESPIRRO.

(Disponível em: https://vejasp.abril.com.br/blog/memoria/relembre-palhacos-historicos-brasileiros/. Acesso em: 15/10/2020.)

4 PARA O AUTOR DO TEXTO, QUEM É O MAIOR REPRESENTANTE DO CIRCO?

____

5 RESPONDA ORALMENTE:

A) VOCÊ SABE O QUE É PICADEIRO?

B) A INTERNET E A TELEVISÃO SÃO MÍDIAS ELETRÔNICAS. O QUE SIGNIFICA "FAZER DAS MÍDIAS ELETRÔNICAS SEU PICADEIRO"?

6 OBSERVE A PALAVRA **PICADEIRO**.

A) QUANTAS LETRAS ELA TEM?

B) QUANTAS SÍLABAS ELA TEM?

C) PINTE AS CONSOANTES DESSA PALAVRA.

7 CIRCULE, NO TEXTO, OS NOMES DOS PALHAÇOS QUE COMEÇAM COM A MESMA CONSOANTE INICIAL DA PALAVRA **PICADEIRO**.

8 DESCUBRA QUEM SÃO ESTES PALHAÇOS COMPLETANDO A CRUZADINHA:

Fotos: Reprodução/Acervo do artista

Reprodução/SBT

9 ENTRE NO CIRCO E DESCUBRA O CAMINHO QUE LEVA AO PICADEIRO. DICA: SIGA AS PALAVRAS QUE COMEÇAM COM A MESMA LETRA INICIAL DE **PICADEIRO**.

Ilustra Cartoon/Arquivo da editora

10 MÁQUINA DE PALAVRAS: USANDO APENAS AS LETRAS **P**, **B**, **T**, **D**, **F**, **V**, PREENCHA OS QUADRADINHOS EM BRANCO E FORME PALAVRAS COM UM ÚNICO SOM DE DIFERENÇA. VEJA, NO PRIMEIRO QUADRADINHO, A DIFERENÇA ENTRE **POMADA** E **TOMADA**.

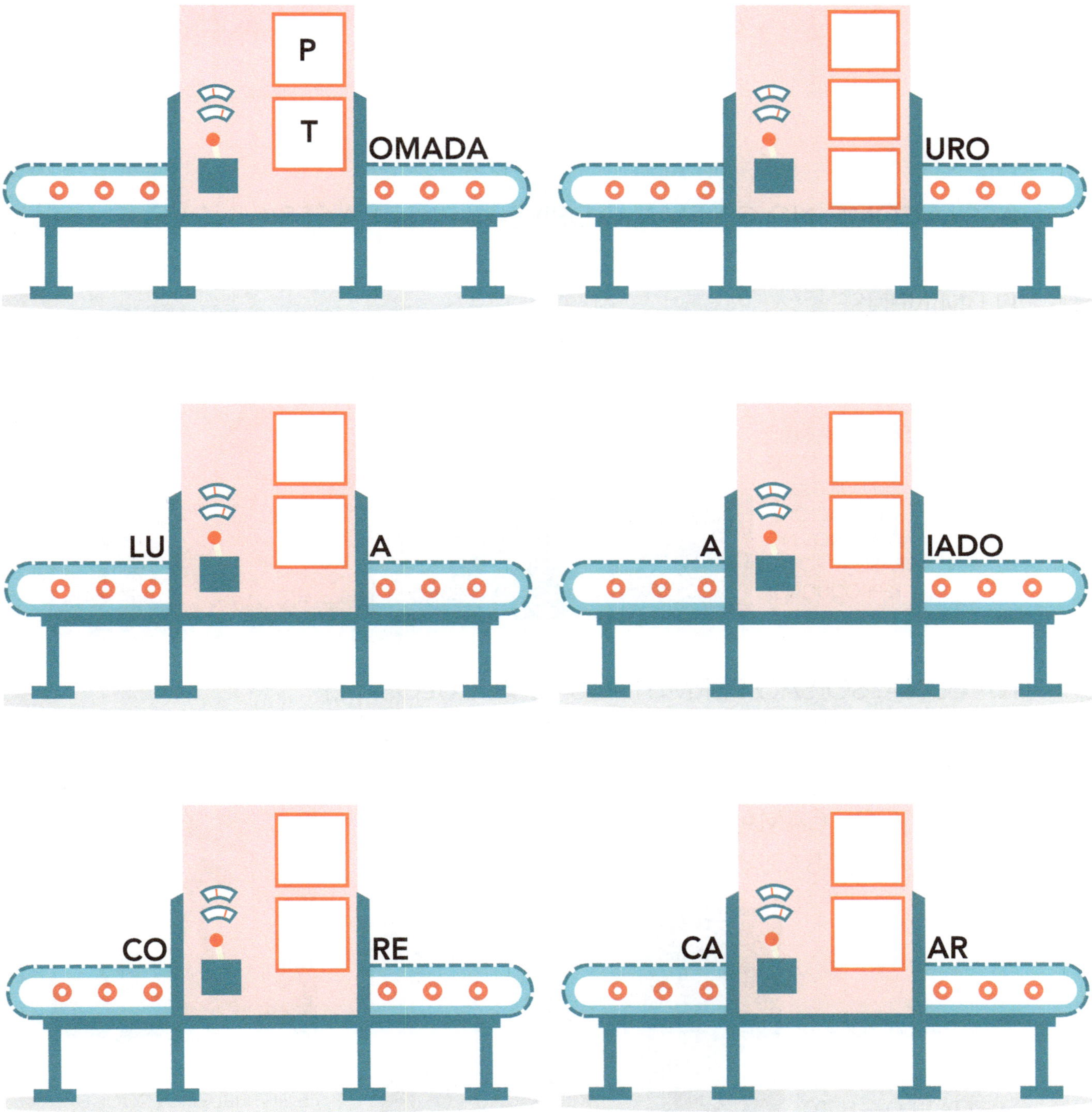

Red Deer/Shutterstock

PRODUÇÃO DE TEXTO

O TEXTO-LEGENDA

LEIA A NOTÍCIA A SEGUIR.

CIRCO RETORNA EM FORMATO DRIVE-IN E ENCANTA O PÚBLICO NA BAIXADA FLUMINENSE

POR ALEXANDRE HENDERSON, BOM DIA RIO

[...]

ASSIM COMO NO CINEMA, O DRIVE-IN PASSA A SER O NOVO CAPÍTULO DA HISTÓRIA DE UM CIRCO EM ITAGUAÍ, NA BAIXADA FLUMINENSE.

[...]

Reprodução/TV Globo

O CIRCO SURGIU HÁ 122 ANOS EM PORTUGAL E FUNCIONA HÁ 30 ANOS NO BRASIL — FOTO: REPRODUÇÃO/TV GLOBO

NA LONA, SÓ SÃO PERMITIDOS 43 VEÍCULOS. [...]

ALÉM DISSO, TODA A LONA PRECISA OFERECER ÁLCOOL EM GEL E É OBRIGATÓRIO O USO DE MÁSCARA.

OS ANTIGOS CAMARINS COMPARTILHADOS TAMBÉM ACABARAM.

Reprodução/TV Globo

PALHAÇO PIPOCA SE PREPARA NO PRÓPRIO TRAILER ANTES DO ESPETÁCULO — FOTO: REPRODUÇÃO/TV GLOBO

Reprodução/TV Globo

FUNCIONÁRIOS ESPIRRAM E DISTRIBUEM ÁLCOOL EM GEL NA LONA DO CIRCO EM ITAGUAÍ, RJ — FOTO: REPRODUÇÃO/TV GLOBO

[...]
O PROJETO DO CIRCO DRIVE-IN FOI LEVANTADO PELOS PRÓPRIOS ARTISTAS E APRESENTADO À PREFEITURA DE ITAGUAÍ E À CÂMARA DOS VEREADORES. NO PLANEJAMENTO, REGRAS DE VIGILÂNCIA SANITÁRIA E SEGURANÇA PARA O PÚBLICO E FUNCIONÁRIOS.
[...]

(Disponível em: https://g1.globo.com/rj/rio-de-janeiro/noticia/2020/07/17/circo-retorna-em-formato-drive-in-e-encanta-o-publico-na-baixada-fluminense.ghtml. Acesso em: 16/6/2020.)

1 DEBATA ORALMENTE COM OS COLEGAS E O PROFESSOR:

A) COMO FUNCIONA UM CIRCO EM FORMATO *DRIVE-IN*?

B) VOCÊ JÁ FOI A ALGUM EVENTO NESSE FORMATO?

2 OBSERVE AS FOTOS QUE ACOMPANHAM A NOTÍCIA E OS TEXTOS ABAIXO DELAS. O QUE CADA FOTO MOSTRA? RESPONDA ORALMENTE.

3 IMAGINE QUE AS FOTOS A SEGUIR ACOMPANHAVAM ESSA MESMA NOTÍCIA. REÚNA-SE EM GRUPO COM OS COLEGAS E, JUNTOS, CRIEM LEGENDAS PARA ELAS.

Luis Alvarenga/Getty Images

____

____

____

(Disponível em: https://g1.globo.com/rs/rio-grande-do-sul/noticia/2020/05/15/circo-drive-in-se-apresenta-em-santa-maria-veja-video.ghtml. Acesso em: 15/10/2020.)

4 ALÉM DAS NOTÍCIAS E DAS REPORTAGENS, EM QUAIS OUTRAS SITUAÇÕES ESSE PEQUENO TEXTO PODE SER UTILIZADO PARA EXPLICAR FOTOS?

AGORA É A SUA VEZ

AO LER A NOTÍCIA, VOCÊ VIU QUE CADA FOTO ESTAVA ACOMPANHADA DE UM PEQUENO TEXTO. ESSE TEXTO É CHAMADO **LEGENDA** E TEM COMO FUNÇÃO EXPLICAR DE FORMA RÁPIDA E SIMPLES A SITUAÇÃO RETRATADA EM UMA FOTO.

AO FINAL DESTA UNIDADE, VOCÊ VAI PARTICIPAR DE UMA MOSTRA DE ARTE. PARA ESSA MOSTRA, VAMOS CRIAR UM GRANDE PAINEL COM VOCÊ E OS COLEGAS DE TURMA PARTICIPANDO DE EVENTOS DE ARTE. POR ISSO, PRECISAMOS SELECIONAR FOTOS E CRIAR LEGENDAS PARA ELAS.

PLANEJAMENTO DO TEXTO

- ESCOLHA UMA FOTO DE ALGUM PASSEIO RELACIONADO A ARTE QUE VOCÊ TENHA FEITO COM A FAMÍLIA OU AMIGOS: PODE SER DE UMA APRESENTAÇÃO DE CIRCO, DE TEATRO, DE UM *SHOW* MUSICAL, DE UMA IDA AO CINEMA, DE UMA VISITA A UM MUSEU OU A UMA EXPOSIÇÃO, ENTRE OUTRAS POSSIBILIDADES.
- ESCREVA UMA LEGENDA QUE EXPLIQUE DE FORMA RÁPIDA O QUE ESTÁ ACONTECENDO NA FOTO ESCOLHIDA: QUEM, FAZENDO O QUE, ONDE OU OUTRA INFORMAÇÃO IMPORTANTE.

REVISÃO E REESCRITA

ANTES DE PASSAREM A LEGENDA A LIMPO, RELEIAM O QUE ESCREVERAM, OBSERVANDO:

- ELA APRESENTA INFORMAÇÕES BÁSICAS SOBRE A FOTO: QUEM APARECE, FAZENDO O QUE, ONDE?
- ELA É CURTA?
- OS COLEGAS QUE NÃO CONHECEM A FOTO CONSEGUEM ENTENDER O QUE ELA RETRATA SE LEREM A LEGENDA?
- A GRAFIA DAS PALAVRAS ESTÁ CORRETA?

DIVIRTA-SE

(*Folha de S.Paulo*, 24/9/2011. Folhinha.)

CAPÍTULO 2

É MÁGICO!

LEITURA

O MÁGICO TAMBÉM É UM ARTISTA. LEIA ESTE TEXTO COM A AJUDA DO PROFESSOR PARA APRENDER O TRUQUE DA CANETA MÁGICA:

TINTA MÁGICA?

[...]

OUTRO DIA UM AMIGO ME DISSE ASSIM:

— ESTÁ VENDO A CANETA VERMELHA?

A TINTA DELA É MÁGICA!

ELE PEGOU UMA FOLHA DE PAPEL E ESCREVEU A SEGUINTE FRASE:

Roberto Weigand/Arquivo da editora

O COICE DO BODE

E, COM UMA CANETA AZUL, ACRESCENTOU OUTRA FRASE:

O PULO DO GATO

SEM PERCEBER O TRUQUE, EU PERGUNTEI:

— OK, MAS QUAL É A MÁGICA?

ENTÃO, ELE FICOU DE FRENTE PARA UM ESPELHO E VIROU A FOLHA DE CABEÇA PRA BAIXO.

AÍ, EU DISSE:

— UAU!!!

[...]

(Pedro Roitman. *Ciência Hoje das Crianças*, n. 294, p. 16.)

1 POR QUE SERÁ QUE O AUTOR DO TEXTO DISSE "UAU!!!" NO FINAL DESSA PARTE DO TEXTO? RESPONDA ORALMENTE.

2 LEIA COM O PROFESSOR A CONTINUAÇÃO DO TEXTO PARA ENTENDER O QUE ACONTECEU E FAÇA A MÁGICA VOCÊ TAMBÉM.

> [...]
> PARA ENTENDER A MINHA REAÇÃO, ESCREVA AS DUAS FRASES NUM PEDAÇO DE PAPEL, EXATAMENTE COMO APARECEM AQUI. VIRE O PAPEL DE CABEÇA PARA BAIXO NA FRENTE DO ESPELHO.
> SIM!!! A MISTERIOSA TINTA VERMELHA FAZ COM QUE A FRASE POSSA SER LIDA PERFEITAMENTE, MESMO DEPOIS DE REFLETIDA NO ESPELHO! JÁ A FRASE EM AZUL FICA ESQUISITA, CERTO?
> MAS SERÁ QUE A TINTA VERMELHA É MESMO MÁGICA? SERÁ QUE NÃO HÁ UMA EXPLICAÇÃO PARA O QUE VOCÊ ACABOU DE VER?
> [...]
>
> (*Idem.*)

A) EM QUAL PARTE DO TEXTO O AUTOR ENSINA A FAZER A MÁGICA? MARQUE COM UM X:

◯ [...] ESCREVA AS DUAS FRASES NUM PEDAÇO DE PAPEL, EXATAMENTE COMO APARECEM AQUI. VIRE O PAPEL DE CABEÇA PARA BAIXO NA FRENTE DO ESPELHO. [...]

◯ [...] MAS SERÁ QUE A TINTA VERMELHA É MESMO MÁGICA? SERÁ QUE NÃO HÁ UMA EXPLICAÇÃO PARA O QUE VOCÊ ACABOU DE VER? [...]

B) RESPONDA ORALMENTE: VOCÊ JÁ CONHECIA ESSA MÁGICA? O QUE ACHOU DELA?

3 QUAIS PALAVRAS MOSTRAM QUE O TEXTO ESTÁ DANDO INSTRUÇÕES AO LEITOR?

- ◯ ESCREVA
- ◯ VIRE
- ◯ APARECEM
- ◯ BAIXO

4 VAMOS ENTENDER COMO ESSA "MÁGICA" ACONTECE?

OBSERVE O DESENHO A SEGUIR.

O COICE DO BODE

VEJA QUE TODAS ESSAS LETRAS SÃO IGUAIS NA PARTE DE CIMA E NA PARTE DE BAIXO DO TRAÇO. POR ISSO, QUANDO VIRAMOS O PAPEL DE CABEÇA PARA BAIXO NA FRENTE DO ESPELHO, NÃO NOTAMOS NENHUMA DIFERENÇA, POIS É COMO SE O REFLEXO DO ESPELHO "DESVIRASSE" AS LETRAS.

RESPONDA ORALMENTE:

A) A CANETA USADA PELO AMIGO DO AUTOR DO TEXTO ERA MESMO MÁGICA?

B) QUAL É O SEGREDO DO TRUQUE?

Roberto Weigand/Arquivo da editora

QUEM É PEDRO ROITMAN?

PEDRO ROITMAN NASCEU NO RIO DE JANEIRO EM 1970 E ESTUDOU FÍSICA E MATEMÁTICA NO BRASIL E NA FRANÇA. ATUALMENTE É PROFESSOR DE MATEMÁTICA NA UNIVERSIDADE DE BRASÍLIA.

5 VEJA, A SEGUIR, AS LETRAS USADAS NA FRASE MÁGICA.

B C D E I O

A) COM DOIS OU MAIS COLEGAS, FORME OUTRAS PALAVRAS USANDO ESSAS LETRAS. ESCREVA.

B) FAÇA UM TESTE NO ESPELHO COM AS PALAVRAS QUE VOCÊ E OS COLEGAS ESCREVERAM.

DE OLHO NA ORALIDADE: APRESENTANDO O TRUQUE DE MÁGICA

QUE TAL SE TORNAR VOCÊ MESMO O MÁGICO E APRESENTAR O NÚMERO DA CANETA MÁGICA EM CASA PARA SEUS FAMILIARES? PARA ISSO, VAMOS TREINAR EM CLASSE, SEGUINDO ESTAS INSTRUÇÕES:

- SE POSSÍVEL, APRESENTE-SE COM UMA CARTOLA DE MÁGICO.
- CUMPRIMENTE O PÚBLICO COM EXPRESSÕES COMO **BOM DIA/BOA TARDE**, **RESPEITÁVEL PÚBLICO**.
- APRESENTE-SE, DIZENDO QUEM VOCÊ É E O QUE VAI FAZER. ALGO COMO **EU SOU O MÁGICO** (DIGA SEU NOME) **E VOU APRESENTAR PARA VOCÊS A CANETA MÁGICA**.
- MOSTRE OS MATERIAIS SOBRE A MESA E EXPLIQUE O QUE PRETENDE REALIZAR, FAZENDO SUSPENSE.
- CONVIDE UMA PESSOA DA PLATEIA PARA SEGURAR A FOLHA EM FRENTE AO ESPELHO.
- FAÇA A MÁGICA E VEJA A SURPRESA DO PÚBLICO. AGUARDE OS APLAUSOS.

REFLEXÃO SOBRE A LINGUAGEM

DE OLHO NA LEITURA E NA ESCRITA: CH, LH, NH

VAMOS APRENDER A FAZER MAIS MÁGICAS? LEIA O TEXTO A SEGUIR.

O BURACO MÁGICO

ESTE DESAFIO SIMPLES É IDEAL PARA DAR INÍCIO A UM SHOW. DÊ A UM VOLUNTÁRIO UM PEDAÇO DE PAPEL E A MOEDA MAIOR. PEÇA PARA ELE TENTAR PASSAR A MOEDA PELO BURACO SEM RASGAR O PAPEL. QUANDO ELE DESISTIR, MOSTRE COMO SE FAZ ISSO.

MATERIAL:

— UM PEDAÇO DE PAPEL 12 × 12 CM

— TESOURA

— DUAS MOEDAS DE TAMANHOS LIGEIRAMENTE DIFERENTES

PREPARAÇÃO:

1) PEGUE A MOEDA MENOR, COLOQUE NO CENTRO DO PEDAÇO DE PAPEL E DESENHE UM CÍRCULO AO REDOR DELA.
2) COM A TESOURA, CORTE O CÍRCULO COM CUIDADO PARA FAZER O BURACO.

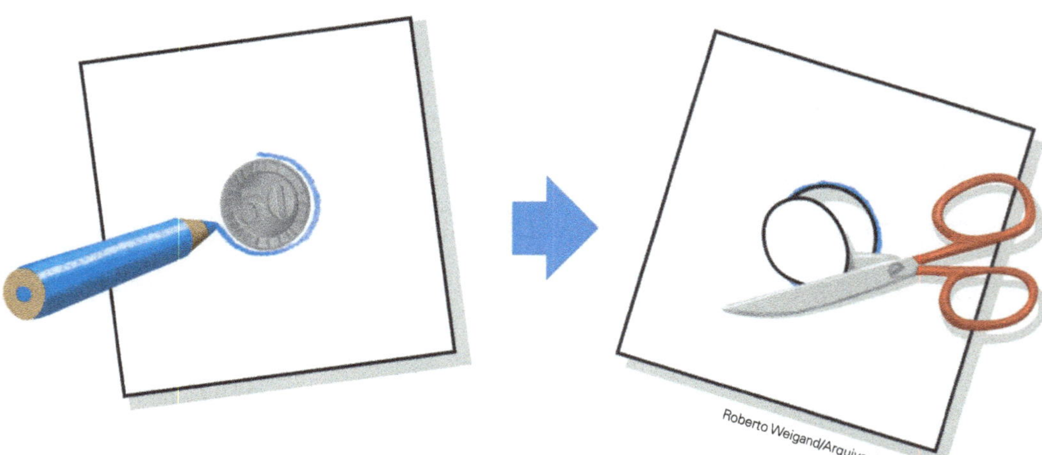

Roberto Weigand/Arquivo da editora

HORA DO SHOW:

1) DOBRE O PAPEL AO MEIO.
2) COLOQUE A MOEDA MAIOR NA "BOLSA" FORMADA PELA MOEDA DOBRADA.
3) LEVANTE A FOLHA E FAÇA O MOVIMENTO DE JUNTAR AS PONTAS. ISSO AUMENTARÁ O TAMANHO DO BURACO.
4) CONTINUE JUNTANDO AS EXTREMIDADES E O BURACO FICARÁ GRANDE O SUFICIENTE PARA QUE A MOEDA MAIOR PASSE PELA ABERTURA E CAIA, SEM RASGAR O PAPEL.

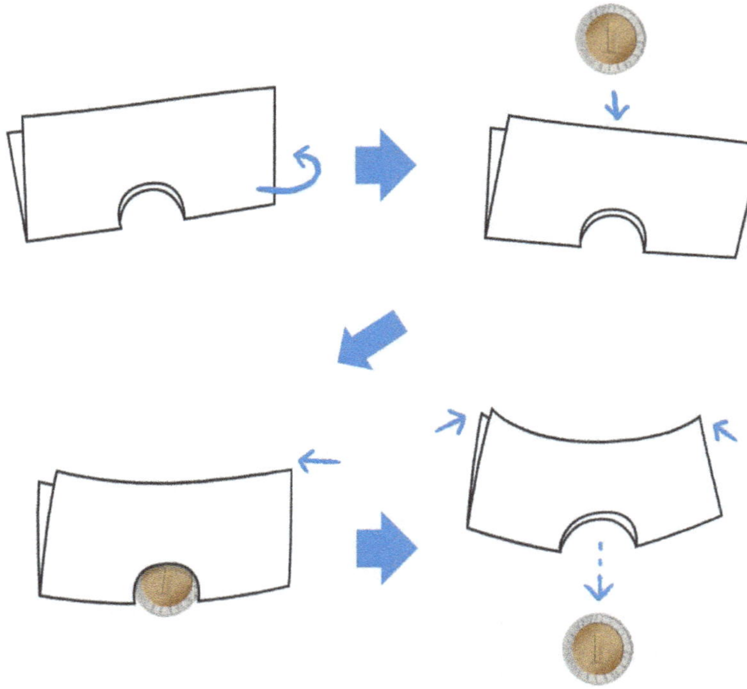

Roberto Weigand/ Arquivo da editora

QUE MÁGICO!

(Disponível em: https://www.smartkids.com.br/atividade/magica-buraco. Acesso em: 15/10/2020.)

1 O TEXTO LIDO ENSINA A FAZER UM TRUQUE DE MÁGICA. QUAL É A FUNÇÃO DOS DESENHOS NESSE TEXTO? MARQUE COM UM X:

( ) APENAS ENFEITAR A PÁGINA.

( ) DEIXAR O TEXTO MAIS COLORIDO.

( ) MOSTRAR O QUE DEVE SER FEITO.

2 OBSERVE ALGUMAS PALAVRAS COM A LETRA **H** EMPREGADAS NO TEXTO:

DESENHE TAMANHO FOLHA

A) CIRCULE NESSAS PALAVRAS A LETRA **H** E A LETRA QUE VEM ANTES DELA.

B) A PALAVRA ***SHOW*** É EMPRESTADA DO INGLÊS. UMA DAS PALAVRAS A SEGUIR CONTÉM O MESMO SOM DELA. CIRCULE AS CONSOANTES DA SÍLABA QUE TEM ESSE SOM.

SONHO ACHOU OLHO

3 ESCREVA OS TRÊS PARES DIFERENTES DE LETRAS QUE VOCÊ CIRCULOU.

[ ] [ ] [ ]

AGORA, PRONUNCIE EM VOZ ALTA AS LETRAS QUE VOCÊ CIRCULOU.

4 VOCÊ JÁ USOU ALGUNS OBJETOS PARA FAZER TRUQUES DE MÁGICA NESTE CAPÍTULO. O QUE MAIS UM MÁGICO PODE USAR? COM OS TRÊS PARES DE LETRAS QUE VOCÊ CIRCULOU, COMPLETE OS NOMES DAS IMAGENS A SEGUIR.

Mr. Luck/Shutterstock

ESPE [ ] O

Sudowoodo/Shutterstock

VARI [ ] A

Nicola Renna/Shutterstock

CANETA VERME [ ] A

Sudowoodo/Shutterstock

[ ] APÉU MÁGICO OU CARTOLA

5 AGORA, CONHEÇA UM POUCO DA HISTÓRIA DO MÁGICO WILSON LENDO ESTE TEXTO COM A AJUDA DO PROFESSOR.

WILSON FUGIU COM O CIRCO, AOS 10 ANOS DE IDADE, [...] PARA PERSEGUIR O SONHO DE UMA VIDA MELHOR. NOS ÚLTIMOS 55 ANOS DE ESTRADA, JÁ FOI CONTORCIONISTA, DOMADOR DE LEÃO, DE CACHORRO, DE BODE, DE MACACO E DE ELEFANTE. TAMBÉM TENTOU SER PALHAÇO, ATÉ SE CONSOLIDAR MÁGICO. HÁ 40 ANOS, CRIOU O CIRCO MÁGICO ALAKAZAM [...].

Ira Gallo/Shutterstock

(Disponível em: https://www.diariodepernambuco.com.br/noticia/viver/2020/08/magico-alakazam-e-convidado-do-centro-apolo-hermilo-para-bate-papo-vir.html. Acesso em: 16/10/2020.)

A) RESPONDA ORALMENTE: O QUE WILSON FEZ AOS 10 ANOS DE IDADE? POR QUE ELE FEZ ISSO?

B) VEJA A LISTA DE TODAS AS COISAS QUE WILSON FOI NO CIRCO ANTES DE SER MÁGICO.

- CONTORCIONISTA
- DOMADOR DE LEÃO, DE CACHORRO, DE BODE, DE MACACO E DE ELEFANTE
- PALHAÇO

ENTRE AS PALAVRAS DA LISTA, PINTE AQUELAS QUE CONTÊM UMA DAS SEQUÊNCIAS: **CH**, **NH** OU **LH**.

6 A NOSSA VARINHA MÁGICA ESTÁ FORMANDO PALAVRAS NOVAS, ACRESCENTANDO UM **H** A ALGUMAS PALAVRAS. OBSERVE:

BICO 

BICHO

Ilustrações: Sudowoodo/Shutterstock

DESCUBRA QUAIS NOVAS PALAVRAS SERÃO FORMADAS A SEGUIR:

CACO 

PINO 

CALA 

CORO 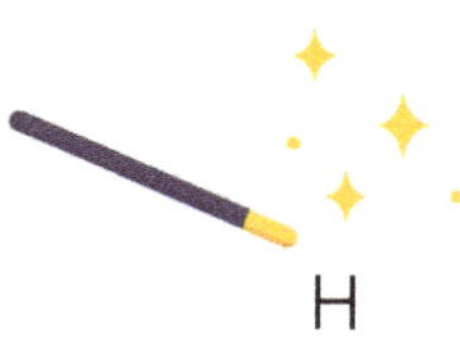

MOLA 

TINA 

7 FORME PALAVRAS JUNTANDO AS SÍLABAS DE CADA PÉTALA DA MARGARIDA COM A SÍLABA DO MIOLO, CONFORME O EXEMPLO. EM SEGUIDA, PINTE A PÉTALA INTRUSA, QUE NÃO FORMA PALAVRA.

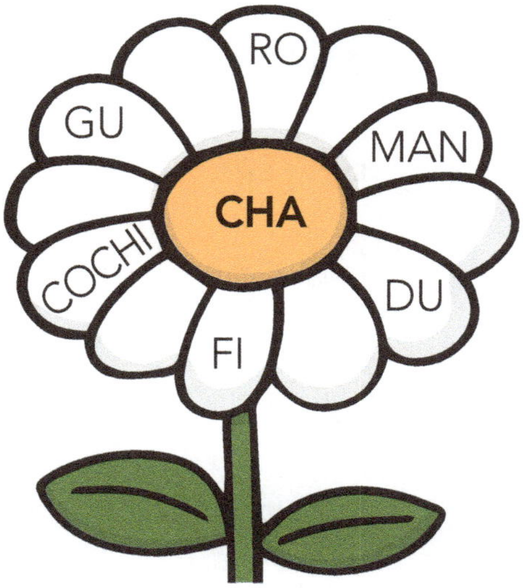

ollikeballoon/Shutterstock

PALAVRAS FORMADAS:

ROCHA

____

____

____

____

PALAVRAS FORMADAS:

NINHO

____

____

____

____

PALAVRAS FORMADAS:

GALHO

____

____

____

____

8 AJUDE O MÁGICO A ORGANIZAR AS PALAVRAS A SEGUIR, DE ACORDO COM AS LETRAS E OS SONS.

PIOLHO
MINHA
COLCHA
BRILHO
SOZINHO
AGULHA
BROCHE
COZINHA
FILHA
FLECHA
LINHA
CHUVA

CHAMA	SONHO	PALHAÇO

9 LIGUE O NOME À FIGURA:

DINHEIRO

CHOCOLATE

GALHO

CAMINHÃO

CHUVEIRO

BANHEIRA

Ilustrações: Jean Galvão/ Arquivo da editora

10 COMPLETE O NOME DAS FIGURAS A SEGUIR.

POMBI [ ] A

GALO [ ] A

BARA [ ] O

BRINCANDO COM PALAVRAS

HÁ MÁGICOS QUE TIRAM UM COELHO DA CARTOLA!

VOCÊ CONHECE A CANTIGA DO "COELHINHO"? CANTE-A COM OS COLEGAS E O PROFESSOR. DEPOIS, COM UM COLEGA, COMPLETE A LETRA DA CANTIGA COM AS PALAVRAS QUE FALTAM.

COELHINHO

DE OLHOS ____________
DE PELO ____________
DE SALTO BEM LEVE
EU SOU ____________

SOU MUITO ____________
PORÉM SOU ____________
POR UMA ____________
JÁ FICO ____________

EU PULO PRA FRENTE
EU PULO PRA TRÁS
DOU MIL ____________
SOU FORTE DEMAIS

COMI UMA CENOURA
COM ____________ E TUDO
TÃO GRANDE ELA ERA
FIQUEI ____________

(Do cancioneiro popular.)

Roberto Weigand/Arquivo da editora

1 VAMOS APRENDER UM NOVO TRUQUE DE MÁGICA?

A) COMPLETE A CRUZADINHA PARA SABER DE QUAIS MATERIAIS VOCÊ VAI PRECISAR.

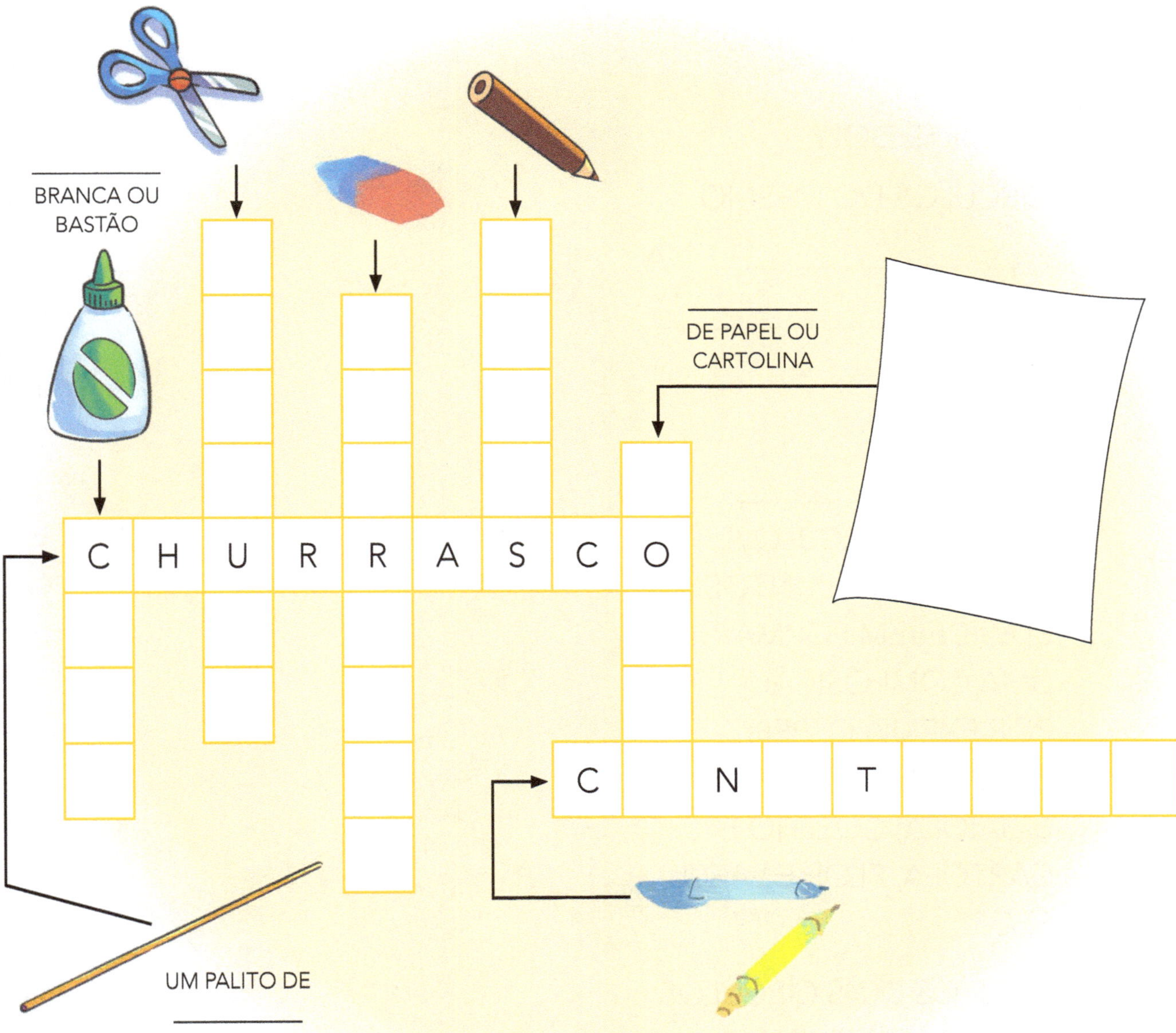

Ilustrações: Ilustra Cartoon e Jean Galvão/Arquivo da editora

B) COMPLETE O TEXTO A SEGUIR COM AS PALAVRAS DO QUADRO PARA SABER COMO PREPARAR E APRESENTAR SUA MÁGICA:

FOLHA	TAMANHO
SANDUÍCHE	DESENHO
DESENHOS	

- RECORTE DOIS CÍRCULOS DO MESMO ____________________ NA ____________________ DE PAPEL.
- FAÇA UM ____________________ EM CADA CÍRCULO. LEMBRE QUE, JUNTOS, ELES DEVEM FORMAR UMA COMPOSIÇÃO, POR EXEMPLO: PEIXE E AQUÁRIO, PÁSSARO E GAIOLA, COELHO E CARTOLA, FLOR E VASO, ETC.
- COLE OS DOIS CÍRCULOS COM O PALITO OU O BARBANTE ENTRE ELES, COMO SE FOSSE UM ____________________.
- GIRE O BARBANTE OU O PALITO E VEJA SEUS DOIS ____________________ SE UNIREM EM UM SÓ.

Ilustra Cartoon/Arquivo da editora

PRODUÇÃO DE TEXTO

O TEXTO DE INSTRUÇÃO

COMO FAZER UM TRUQUE DE MÁGICA: PASSO A PASSO POR ESCRITO E TUTORIAL EM VÍDEO

AO FINAL DESTA UNIDADE, VAMOS FAZER UMA MOSTRA DE ARTE. E, PARA PROVAR QUE A MÁGICA TAMBÉM É UMA ARTE, COMPARTILHAREMOS ALGUNS TRUQUES COM O PÚBLICO.

NESTE CAPÍTULO, VOCÊ CONHECEU TRÊS TRUQUES: O DA CANETA MÁGICA, O DO BURACO MÁGICO E O DO DESENHO MÁGICO.

1. RELEMBRE OS TRUQUES FEITOS E RESPONDA ORALMENTE:

   A) EM QUAIS DELES O TEXTO LIDO INDICAVA O PASSO A PASSO DETALHADO PARA REALIZAR O TRUQUE?

   B) EM QUAL DELES O AUTOR DO TEXTO CONTAVA SOBRE O TRUQUE, SEM INDICAR O PASSO A PASSO?

2. DE QUAIS PARTES OS TEXTOS QUE INDICAM INSTRUÇÕES PASSO A PASSO COSTUMAM SER FORMADOS? MARQUE COM UM X:

   ( ) MATERIAL ( ) PREPARAÇÃO ( ) COMO FAZER

   ( ) VERSOS ( ) DIÁLOGOS

3. VEJA, NOS *LINKS* A SEGUIR, DOIS VÍDEOS QUE ENSINAM A FAZER MÁGICA.

   - TELETRANSPORTE LÍQUIDO, DE *SUPERHANDS MÁGICA*:

(Disponível em: https://www.youtube.com/watch?v=Lxs9Ro5B10Q&feature=youtu.be. Acesso em: 16/10/2020.)

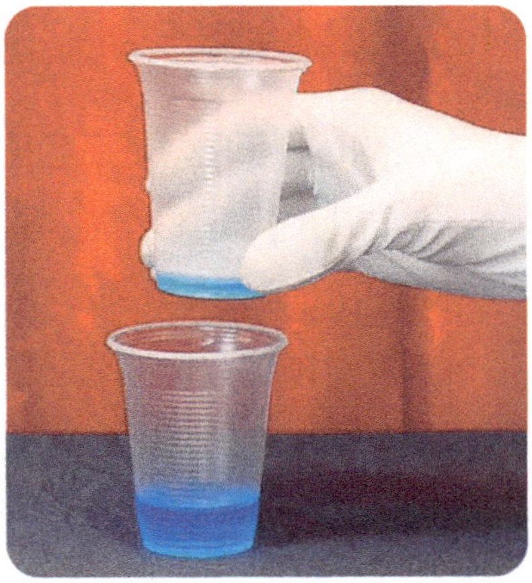

Reprodução/Playkids/Youtube

- MÁGICA DOS BRAÇOS TRANÇADOS, DE *COMO FAZ*:

Reprodução/Como faz

(Disponível em: https://www.youtube.com/watch?v=pq34eyP_mKM. Acesso em: 16/10/2020.)

ESSES VÍDEOS MOSTRAM DUAS MANEIRAS DE GRAVAR UM VIDEOTUTORIAL QUE ENSINA A FAZER UM TRUQUE DE MÁGICA. RESPONDA ORALMENTE:

A) EM QUAL DELES O MÁGICO FAZ O TRUQUE E ENSINA, ELE MESMO, COMO FAZER, NA FRENTE DAS CÂMERAS?

B) EM QUAL DELES UMA VOZ DE FUNDO CONTA O QUE É FEITO, COM IMAGENS E CENAS QUE ILUSTRAM O PASSO A PASSO?

AGORA É A SUA VEZ

O TEXTO ESCRITO PASSO A PASSO

PARA ENSINAR O PÚBLICO DA MOSTRA A FAZER MÁGICA, REALIZEM AS PROPOSTAS A SEGUIR.

1. VAMOS TRANSFORMAR O TRUQUE DA CANETA MÁGICA EM UM TEXTO COM INSTRUÇÕES PASSO A PASSO.

Filipe Rocha/Arquivo da editora

2. PERGUNTE A SEUS FAMILIARES SE ELES SABEM FAZER ALGUM TRUQUE DE MÁGICA. SE SOUBEREM, PEÇA A ELES QUE ENSINEM PARA VOCÊ. SE NÃO SOUBEREM, CONSULTE LIVROS INFANTIS DE MÁGICA E *SITES* DE MÁGICA INFANTIL E ESCOLHA UM TRUQUE FÁCIL DE FAZER.

PLANEJAMENTO DO TEXTO

COM A TURMA DIVIDIDA EM GRUPOS, DEFINAM QUAL GRUPO DEVE REDIGIR QUAL TRUQUE.

- PRIMEIRO, ANOTEM O MATERIAL QUE VAI SER USADO.
- EM SEGUIDA, ANOTEM COMO O MÁGICO DEVE PREPARAR O TRUQUE PARA A APRESENTAÇÃO.
- POR FIM, ANOTEM COMO FAZER A MÁGICA, ISTO É, CADA PASSO DO TRUQUE.

REVISÃO E REESCRITA

ANTES DE PASSAREM O TEXTO A LIMPO, RELEIAM O QUE ESCREVERAM, OBSERVANDO:

- O TEXTO APRESENTA AS PARTES NECESSÁRIAS, ISTO É, A DO **MATERIAL** E A DE **COMO FAZER**?
- O TEXTO EXPLICA COM CLAREZA OS PASSOS PARA FAZER A MÁGICA?
- A GRAFIA DAS PALAVRAS ESTÁ CORRETA?
- COLEGAS DE OUTROS GRUPOS CONSEGUEM LER E COMPREENDER O TEXTO?

CORRIJAM O QUE FOR NECESSÁRIO E PASSEM O TEXTO A LIMPO. SE QUISEREM, ILUSTREM-NO.

REALIZEM A MÁGICA, APRESENTANDO-A UNS PARA OS OUTROS, ATÉ QUE ELA FIQUE PERFEITA. QUANDO A MÁGICA ESTIVER BEM ENSAIADA, APRESENTEM-NA PARA A TURMA.

EMPRESTEM O TEXTO COM AS INSTRUÇÕES PARA OUTROS GRUPOS QUE QUEIRAM COPIAR. DEPOIS, AFIXEM O TEXTO NO MURAL DA SALA DE AULA.

ASSIM, VOCÊS ESTARÃO PREPARADOS PARA APRESENTAR A MÁGICA AO PÚBLICO NO DIA DA MOSTRA.

GUARDEM O TEXTO DE INSTRUÇÃO PARA SER EXPOSTO AO PÚBLICO NO DIA DA MOSTRA.

O TUTORIAL DA MÁGICA EM VÍDEO

REÚNA-SE COM DOIS COLEGAS E, JUNTOS, GRAVEM VÍDEOS ENSINANDO OS TRUQUES DE MÁGICA QUE VOCÊS APRENDERAM NESTE CAPÍTULO OU OS QUE VOCÊS APRENDERAM EM FAMÍLIA.

Filipe Rocha/Arquivo da editora

PLANEJAMENTO DO TEXTO

- DIVIDAM AS TAREFAS: QUEM VAI SER O MÁGICO, QUEM VAI SER O AUXILIAR, QUEM VAI AJUDAR NA GRAVAÇÃO.
- PREPAREM O MATERIAL QUE SERÁ UTILIZADO.
- TREINEM A EXECUÇÃO DO TRUQUE PARA QUE ELE SEJA FEITO COM PERFEIÇÃO.
- DECIDAM SE FARÃO O VÍDEO COM IMAGENS E UMA VOZ DE FUNDO OU COM O PRÓPRIO MÁGICO FALANDO NA FRENTE DA CÂMERA.
- SE NECESSÁRIO, PEÇAM A AJUDA DE UM ADULTO PARA GRAVAR O TUTORIAL.

GRAVANDO O VÍDEO

- DEIXEM O MATERIAL (CANETAS, PAPÉIS, ESPELHO OU OUTROS) SELECIONADO E AS FALAS DO MÁGICO OU DO NARRADOR ENSAIADAS.
- SEJAM CONVINCENTES AO FALAR QUE SE TRATA DE UMA MÁGICA.
- TREINEM OS GESTOS E OS MOVIMENTOS (POR EXEMPLO, VIRAR A FOLHA NA FRENTE DO ESPELHO), DEIXANDO UM AR DE MISTÉRIO.
- REVELEM O SEGREDO DO TRUQUE.

REVISANDO O VÍDEO

- VEJAM A VERSÃO FINAL DO VÍDEO COM A TURMA E CONFIRMEM SE ELE ESTÁ CLARO E CONTÉM TODAS AS PARTES NECESSÁRIAS PARA ENSINAR O TRUQUE.

DIVIRTA-SE

ENCONTRE A SOMBRA CORRETA DO MÁGICO.

Roberto Weigand/Arquivo da editora

CAPÍTULO 3

TODOS FAZEMOS ARTE!

LEITURA

LEIA ESTE POEMA COM O PROFESSOR E OS COLEGAS:

TEXTO 1

A INVENÇÃO DA PIADA

SORRISO
É ALGO
PRECIOSO.
E QUANDO
O SORRISO
VIRA RISADA,
A VIDA
FICA MAIS
ENGRAÇADA.
ASSIM PENSAVA
O INVENTOR
DA PIADA.
QUERIA ERA VER
TODO MUNDO SORRIR.
MAIS NADA.

Giz de Cera/Arquivo da editora

(Ricardo Silvestrin. *In: Poemas que escolhi para as crianças.* Antologia de Ruth Rocha. São Paulo: Moderna, 2013.)

1 FAZER POESIA TAMBÉM É FAZER ARTE.

A) COMO SE CHAMA O ARTISTA QUE ESCREVE POEMAS? ESCREVA:

B) UM POEMA É FEITO COM VERSOS. CADA LINHA DO POEMA É UM VERSO. QUANTOS VERSOS TEM ESSE POEMA?

2 RESPONDA ORALMENTE ÀS PERGUNTAS QUE O PROFESSOR VAI FAZER.

A) POR QUE O SORRISO É ALGO PRECIOSO?

B) QUAL É A DIFERENÇA ENTRE O SORRISO E A RISADA?

C) O POEMA FALA SOBRE A INVENÇÃO DA PIADA. O QUE O INVENTOR DA PIADA QUERIA?

QUEM É RICARDO SILVESTRIN?

RICARDO SILVESTRIN É POETA, ESCRITOR E MÚSICO. NASCEU E ESTUDOU EM PORTO ALEGRE E JÁ GANHOU PRÊMIOS COM SUA OBRA, DEDICADA TANTO A ADULTOS QUANTO AO PÚBLICO INFANTIL.

Reprodução/Acervo pessoal

3 NO POEMA EXISTEM ALGUMAS RIMAS. ENCONTRE NO POEMA TRÊS PALAVRAS QUE RIMAM COM **PIADA**. ESCREVA:

____

4 RELEIA ESTAS PALAVRAS DO POEMA:

VIRA VIDA FICA TODO NADA

A) QUAIS DELAS COMEÇAM COM A MESMA SÍLABA? ESCREVA:

B) QUAIS DELAS TERMINAM COM A MESMA SÍLABA? ESCREVA:

5 COMPLETE AS PALAVRAS COM AS SÍLABAS QUE FALTAM:

[ ] CIOSO RISA [ ] INVEN [ ]

6 O POEMA REPETE MUITAS VEZES OS SONS DAS LETRAS **R** E **S**. PINTE NO POEMA AS PALAVRAS QUE CONTÊM ESSAS LETRAS.

A ARTE E A POESIA PODEM ESTAR EM TUDO A NOSSA VOLTA. LEIA ESTE OUTRO POEMA:

TEXTO 2

RELÂMPAGO

O MEU CACHORRO RELÂMPAGO
ACORDOU-SE COM SARAMPO.

VEIO A DONA MANUELA:
DEVE SER VARICELA!

VEIO A DONA DORA:
PARA MIM, CATAPORA!

E A DONA FABÍOLA:
MAIS PARECE VARÍOLA.

POR FIM, A VETERINÁRIA:
ACHO TUDO UM DISPARATE,
POIS O CACHORRO SE MANCHOU
FOI COM MOLHO DE TOMATE!

Filipe Rocha/Arquivo da editora

(Sérgio Capparelli. *111 poemas para crianças*. Porto Alegre: L&PM, 2019.)

1 O QUE SÃO **SARAMPO**, **VARICELA**, **CATAPORA** E **VARÍOLA**? MARQUE COM UM X:

( ) NOMES DE CACHORROS

( ) NOMES DE DOENÇAS

( ) NOMES DE PESSOAS

2 RESPONDA ORALMENTE: O CACHORRO DO POEMA ESTAVA DOENTE? O QUE ACONTECEU COM ELE?

3 VOCÊ TEM UM CACHORRO OU OUTRO ANIMALZINHO DE ESTIMAÇÃO? ELE JÁ FICOU DOENTE ALGUMA VEZ? CONTE PARA OS COLEGAS.

4 CIRCULE A PALAVRA QUE, NO POEMA, RIMA COM **MANUELA**:

CACHORRO DEVE VARICELA

5 CIRCULE A PALAVRA QUE, NO POEMA, RIMA COM **DORA**:

SARAMPO CATAPORA VETERINÁRIA

6 CIRCULE A PALAVRA QUE, NO POEMA, RIMA COM **DISPARATE**:

CACHORRO MOLHO TOMATE

7 VAMOS IMAGINAR QUE OUTRAS PESSOAS TAMBÉM DERAM PALPITES SOBRE O QUE ACONTECEU COM O CACHORRO? ENCONTRE AS RIMAS:

VEIO A DONA MARIA: DEVE SER	ALERGIA
VEIO A DONA FLORIPE: DEVE SER UMA	ESCARLATINA
VEIO A DONA AGRIPINA: DEVE SER	CONGESTÃO
E O SENHOR SEBASTIÃO: DEVE SER	GRIPE

8 HÁ MUITAS FORMAS DE FAZER ARTE! VEJA A SEGUIR IMAGENS DE ARTISTAS EM AÇÃO E LIGUE A IMAGEM À PALAVRA. COMPLETE AS PALAVRAS COM AS LETRAS QUE FALTAM.

☐ANÇA

FOTOGRA☐IA

☐EATRO

Ilustrações: Jean Galvão/Arquivo da editora

LEITURA EXPRESSIVA DO TEXTO

SEGUINDO AS ORIENTAÇÕES DO PROFESSOR, PARTICIPE DE UMA LEITURA COLETIVA DO POEMA "RELÂMPAGO".

TROCANDO IDEIAS

1. DE QUAL DAS ARTES QUE JÁ VIMOS NESTA UNIDADE VOCÊ MAIS GOSTA? CONTE PARA OS COLEGAS.
2. VOCÊ TEM ALGUM ARTISTA NA FAMÍLIA OU CONHECE ALGUÉM QUE SEJA ARTISTA? O QUE ELE FAZ? COMENTE COM OS COLEGAS.

REFLEXÃO SOBRE A LINGUAGEM

DE OLHO NA LEITURA E NA ESCRITA: R E RR, S E SS

R E RR

VOCÊ JÁ SABE QUE A POESIA É A ARTE DA PALAVRA E DOS SONS. LEIA ESTE POEMA:

JEITO DE CORRER

INVENTEI UM JEITO
DE CORRER VELOZ,
DE CORRER VORAZ,
TÃO RÁPIDO, TÃO RÁPIDO,
QUE ÀS VEZES ME ULTRAPASSO
E ME DEIXO PARA TRÁS.

(Sérgio Capparelli. *111 poemas para crianças*. Porto Alegre: L&PM, 2019. p. 84.)

1 RESPONDA:

A) VOCÊ GOSTA DE CORRER? CONTE PARA OS COLEGAS.

B) O QUE SIGNIFICA **CORRER VORAZ** NO POEMA? MARQUE COM UM X:

( ) CORRER DE CABEÇA PARA BAIXO.

( ) CORRER COM MUITA VONTADE.

( ) CORRER DANDO VOLTAS.

C) VOCÊ JÁ CORREU TÃO RÁPIDO QUANTO FALA O POEMA? RESPONDA ORALMENTE.

2 LEIA EM VOZ ALTA ESTAS PALAVRAS DO POEMA, OBSERVANDO A VIBRAÇÃO DA SUA GARGANTA E O MOVIMENTO DA SUA LÍNGUA:

CORRER   VORAZ   RÁPIDO
ULTRAPASSO   PARA

A) EM QUAIS PALAVRAS O **R** VIBRA MAIS FORTE NA GARGANTA AO SER PRONUNCIADO? ESCREVA:

B) EM QUAIS PALAVRAS O **R** VIBRA MAIS FRACO NA GARGANTA E A LÍNGUA TOCA NO CÉU DA BOCA AO PRONUNCIÁ-LO? ESCREVA:

3 AGORA LEIA EM VOZ ALTA ESTAS PALAVRAS:

REI	AREIA	MURO
TERRA	CRAVO	CARRO

SEPARE-AS EM DUAS COLUNAS:

PRONÚNCIA DO **R** FORTE, COMO EM **RÁPIDO**	PRONÚNCIA DO **R** FRACO, COMO EM **PARA**

4 RESPONDA:

A) EM **VORAZ**, **PARA**, **AREIA** E **MURO** O **R** ESTÁ ENTRE QUE TIPOS DE LETRA: VOGAIS OU CONSOANTES? ESCREVA:

B) EM **CORRER**, **TERRA** E **CARRO**, OS **RR** ESTÃO ENTRE QUE TIPOS DE LETRA: VOGAIS OU CONSOANTES?

C) NAS PALAVRAS **ULTRAPASSO** E **CRAVO**, O **R** ESTÁ ENTRE QUE TIPOS DE LETRA: VOGAIS OU CONSOANTES?

D) QUAL É A POSIÇÃO DO **R** NAS PALAVRAS **RÁPIDO** E **REI**?

5 AS CANTIGAS TAMBÉM SÃO ARTE FEITA COM PALAVRAS.
LEIA A LETRA DESTA CANTIGA COM O AUXÍLIO DO PROFESSOR:

RIBEIRÃO

AS FLO______ES JÁ NÃO C______ESCEM MAIS

ATÉ O ALEC______IM MURCHOU

O SAPO SE MANDOU

O LAMBA______I MO__________EU

PORQUE O ______IBEI______ÃO SECOU

OI T______Á, LÁ, LÁ, LÁ, LÁ, LÁ, OI

OI T______Á, LÁ, LÁ, LÁ, LÁ, LÁ, OI

(Da tradição popular.)

COMPLETE AS PALAVRAS DA CANTIGA COM **R** OU **RR**,
DE ACORDO COM A PRONÚNCIA DE CADA UMA DELAS.

6 A NOSSA MÁQUINA DE PALAVRAS FORMA PALAVRAS NOVAS ACRESCENTANDO UM **R** ÀS PALAVRAS QUE ENTRAM NELA.
OBSERVE:

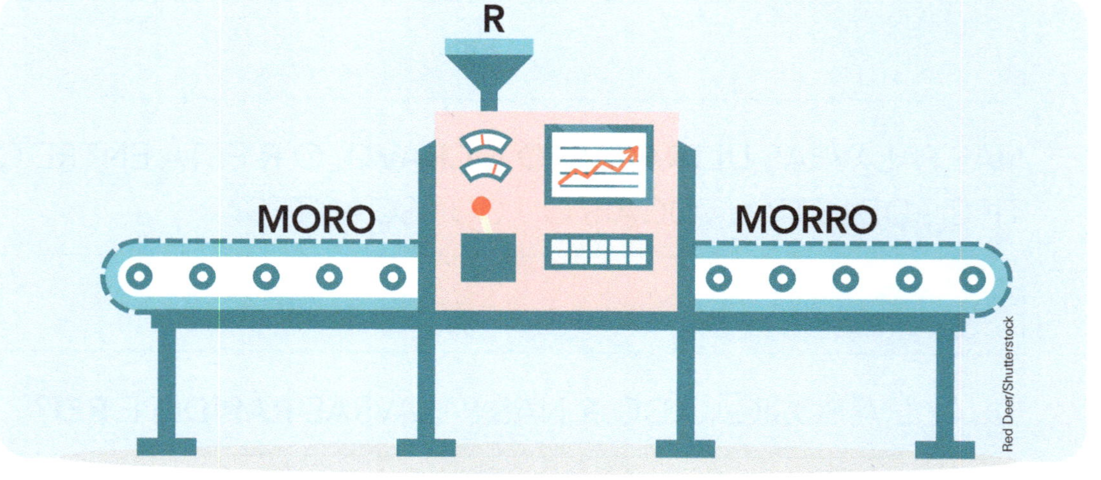

DESCUBRA QUAIS NOVAS PALAVRAS SERÃO FORMADAS A SEGUIR.

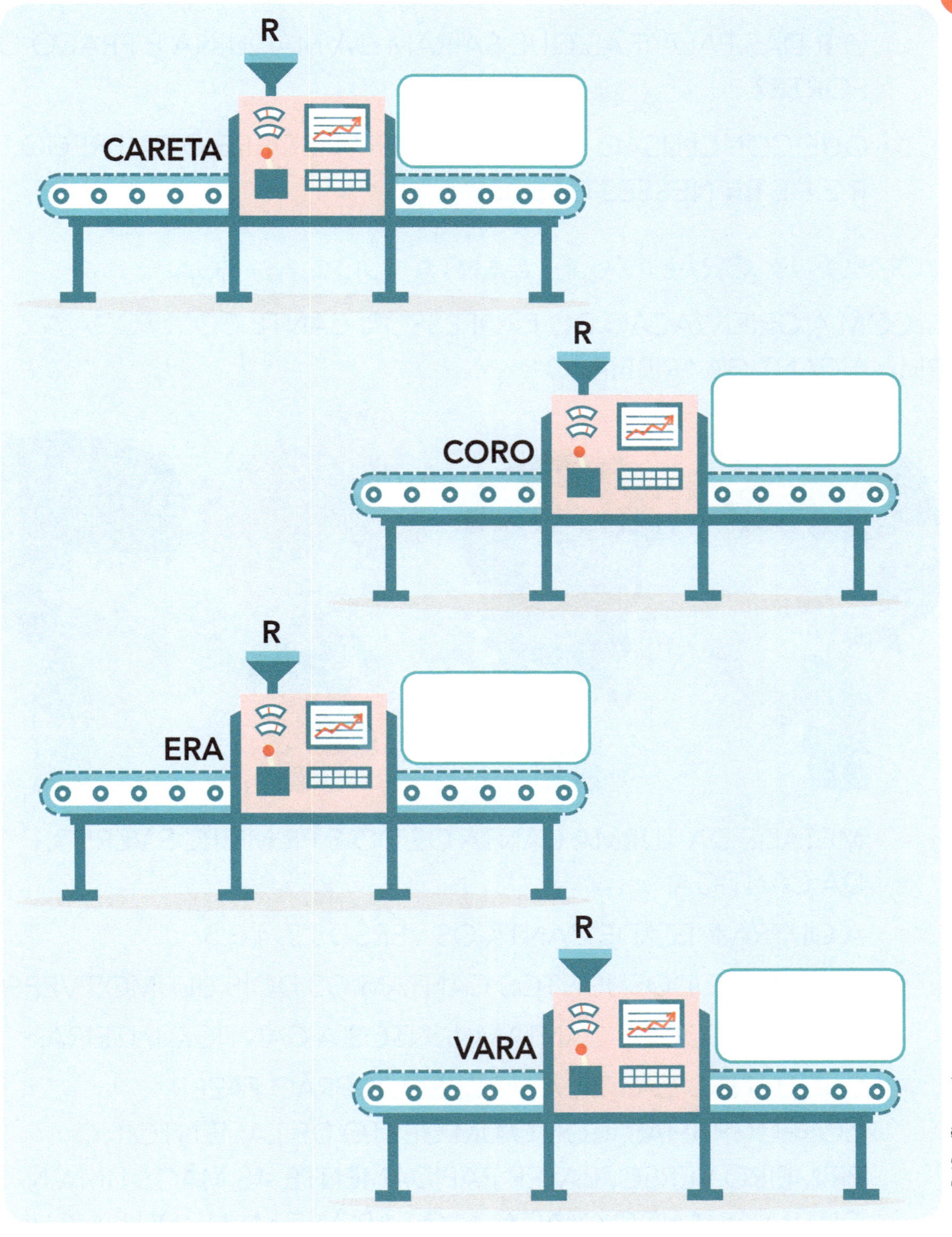

Red Deer/Shutterstock

AGORA, RESPONDA ORALMENTE:

A) COMPARE AS PALAVRAS QUE ENTRARAM NA MÁQUINA COM AS QUE SAÍRAM. AS LETRAS **R** E **RR** ESTÃO ENTRE VOGAIS OU ENTRE CONSOANTES?

B) O **R** DAS PALAVRAS QUE ENTRARAM NA MÁQUINA É FRACO OU FORTE?

C) O **R** DAS PALAVRAS QUE SAÍRAM DA MÁQUINA É FRACO OU FORTE?

D) QUE CONCLUSÃO É POSSÍVEL TIRAR SOBRE O EMPREGO DE **R** E DE **RR** NESSES CASOS?

DE OLHO NA ORALIDADE: CANTANDO CANTIGA

COM A ORIENTAÇÃO DO PROFESSOR, CANTE COM TODA A TURMA A CANTIGA "RIBEIRÃO".

Giz de Cera/Arquivo da editora

- METADE DA TURMA CANTA OS DOIS PRIMEIROS VERSOS DA CANTIGA.
- A OUTRA METADE CANTA OS VERSOS 3, 4 E 5.
- DEPOIS, TODOS JUNTOS CANTAM OS DOIS ÚLTIMOS VERSOS.
- POR FIM, TODOS CANTAM JUNTOS A CANTIGA INTEIRA.
- ENQUANTO CANTAM, VOCÊS PODERÃO FAZER COREOGRAFIAS, COMO UM GESTO DE LAMENTO NO PRIMEIRO VERSO, BATER RAPIDAMENTE AS MÃOS UMA NA OUTRA QUANDO CANTAM "O SAPO SE MANDOU", MOVER OS PUNHOS DE UM LADO PARA O OUTRO, COM A PALMA DAS MÃOS PARA O ALTO, QUANDO CANTAM "OI, TRÁ, LÁ, LÁ, LÁ, LÁ, LÁ, OI".
- ENSAIEM VÁRIAS VEZES ATÉ A APRESENTAÇÃO FICAR BOA.
- SE POSSÍVEL, FAÇAM UM VÍDEO COM A APRESENTAÇÃO DA TURMA.

S E SS

LEIA ESTE POEMA COM O AUXÍLIO DO PROFESSOR E DOS COLEGAS:

BONS E MAUS NEGÓCIOS

FABRICANTES DE CALÇADOS
GANHARIAM DINHEIRO E FICARIAM GRATOS
ÀS CENTOPEIAS SE ELAS USASSEM SAPATOS.

DENTISTAS E PROTÉTICOS
VIVERIAM NA MAIOR FARTURA
SE OS JACARÉS USASSEM DENTADURA.

Filipe Rocha/Arquivo da editora

LOJAS DE ARTIGOS DE INVERNO
TERIAM MUITO MAIS LUGAR AO SOL
SE AS GIRAFAS USASSEM CACHECOL.

MAS O QUE SERIA DE NÓS, EU ME PERGUNTO,
SE OS ELEFANTES RESOLVESSEM
METER O NARIZ EM NOSSOS ASSUNTOS?

(José Paulo Paes. *Um passarinho me contou*. São Paulo: Ática, 1998.)

1 RELEIA O TÍTULO DO POEMA E RESPONDA ORALMENTE: PARA O POETA, QUEM FARIA BONS NEGÓCIOS? POR QUÊ?

2 NOS ÚLTIMOS VERSOS DO POEMA, O POETA FAZ UMA PERGUNTA: O QUE SERIA DE NÓS SE OS ELEFANTES RESOLVESSEM METER O NARIZ EM NOSSOS ASSUNTOS? RESPONDA ORALMENTE:

A) O QUE SIGNIFICA **METER O NARIZ**?

B) O ELEFANTE METER O NARIZ EM NOSSOS ASSUNTOS SERIA UM BOM OU UM MAU NEGÓCIO? POR QUÊ?

3 ESCREVA OS NOMES ABAIXO DAS FIGURAS E LIGUE AS FIGURAS RELACIONADAS NO POEMA:

Ilustrações: Ilustra Cartoon/ Arquivo da editora

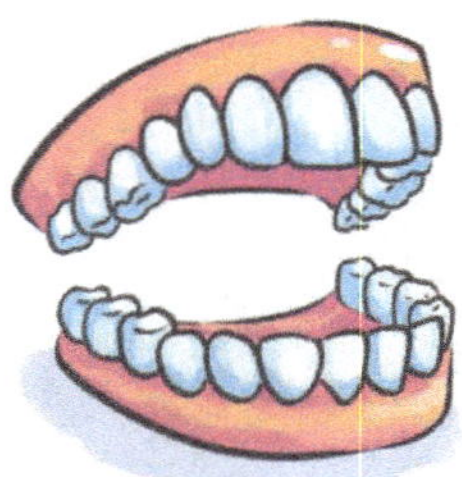

4 VEJA ESTAS DUAS PALAVRAS DO POEMA:

USASSEM RESOLVESSEM

A) PINTE DE AZUL O **S** QUE APARECE SOZINHO.

B) PINTE DE VERMELHO O **SS**.

C) NAS DUAS PALAVRAS, O **S** E O **SS** ESTÃO ENTRE CONSOANTES OU ENTRE VOGAIS?

D) QUAIS DELES TÊM SOM DE **Z**: OS QUE VOCÊ PINTOU DE AZUL OU DE VERMELHO?

E) E QUAIS DELES TÊM SOM DE **S**: OS QUE VOCÊ PINTOU DE AZUL OU DE VERMELHO?

5 COMPLETE ESTAS PALAVRAS DO POEMA:

[ ]APATOS	[ ]ERIA
[ ]E	NO[ ]OS
[ ]OL	A[ ]UNTOS

CONCLUA:

A) AS LETRAS **SS** SÃO EMPREGADAS NO INÍCIO DE PALAVRAS? ESCREVA:

B) AS LETRAS **SS** SÃO EMPREGADAS APENAS ENTRE VOGAIS OU TAMBÉM ENTRE CONSOANTES? ESCREVA:

DE OLHO NA ORALIDADE: DECLAMAÇÃO DE POEMA

COM MAIS TRÊS COLEGAS, PREPARE-SE PARA FAZER A DECLAMAÇÃO DO POEMA "BONS E MAUS NEGÓCIOS", DIVIDINDO AS ESTROFES ENTRE OS COMPONENTES DO GRUPO.

COM O AUXÍLIO DO PROFESSOR, DE UM ADULTO OU DE UM COLEGA, LEIA VÁRIAS VEZES A ESTROFE PELA QUAL VOCÊ FICOU RESPONSÁVEL ATÉ MEMORIZÁ-LA. DEPOIS, ENSAIEM VÁRIAS VEZES E, AO DECLAMAR, SIGAM ESTAS INSTRUÇÕES:

- DECLAMEM DE FORMA EXPRESSIVA, COM CALMA E EM VOZ ALTA, MAS SEM GRITAR. PRONUNCIEM BEM AS PALAVRAS.
- DECLAMEM OLHANDO PARA O FUNDO DA SALA OU PARA TODAS AS PESSOAS QUE ESTÃO OUVINDO.
- FAÇAM ALGUNS GESTOS COM AS MÃOS PARA TORNAR A DECLAMAÇÃO MAIS EXPRESSIVA.

BRINCANDO COM PALAVRAS

1 O POEMA A SEGUIR É UMA ESPÉCIE DE TRAVA-LÍNGUA. LEIA-O COM O AUXÍLIO DO PROFESSOR OU DE OUTRO ADULTO. DEPOIS, TENTE MEMORIZAR O POEMA E DIVIRTA-SE TENTANDO FALAR O TEXTO PARA OS COLEGAS SEM ERRAR.

RR

O R É O RATO QUE RÓI
A ROUPA DO REI DA RÚSSIA
E RI DE RAIVA DA RAINHA
SEM RECEAR RATOEIRA.

(José Paulo Paes e Kiko Farkas. *Uma letra puxando a outra*. São Paulo: Companhia das Letrinhas, 1992.)

Roberto Weigand/Arquivo da editora

2 ESCREVA O NOME DAS FIGURAS:

Roberto Weigand/Arquivo da editora

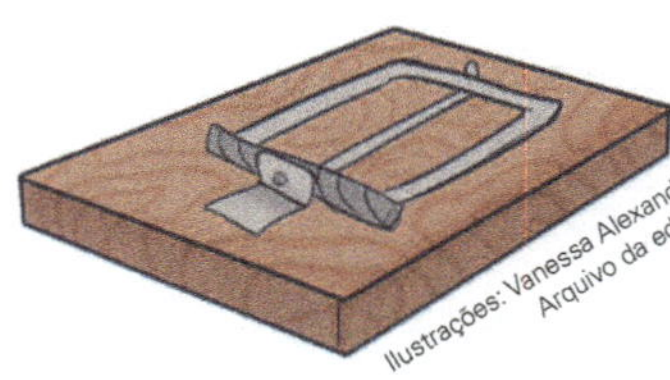

Ilustrações: Vanessa Alexandre/Arquivo da editora

3 RESOLVA AS ADIVINHAS E ESCREVA AS RESPOSTAS.

A) O QUE É ESCURA, MAS É FEITA PELA LUZ?

B) O QUE É, O QUE É?
ESTOU NO COMEÇO DA RUA,
ESTOU NO MEIO DA TERRA,
E ESTOU NO FIM DO MAR.

C) O QUE É, O QUE É?
QUE SEMPRE ANDA EM PAR NO CARROSSEL?

Ilustrações: Giz de Cera/Arquivo da editora

4 EMBARALHAMOS AS LETRAS DAS PALAVRAS PARA FORMAR PALAVRAS NOVAS.

VARIA	CASO
PRATO	PARTO
RABO	RAIVA
SACO	BROA

A) ENCONTRE OS PARES DE PALAVRAS FORMADAS PELAS MESMAS LETRAS.

B) RESPONDA ORALMENTE: HÁ MUDANÇA NA PRONÚNCIA DO **R** E DO **S** ENTRE OS PARES FORMADOS?

PRODUÇÃO DE TEXTO

O POEMA VISUAL

VOCÊ JÁ LEU ALGUNS POEMAS NESTE CAPÍTULO. AGORA, VOCÊ VAI CONHECER UM POEMA VISUAL. LEIA:

E	**S**	**P**	**E**	**L**	**H**	**O**	**H**	**L**	**E**	**P**	**S**	**E**
S					O	H	L	O				**S**
P			O	T	I	L	F	E	R			**P**
E				O	J	E	V		E	T		**E**
L			O	R	A	P	E	R				**L**
H		O	R	I	P	S	E	R				**H**
O	V	E	R	C	S	E	S	C	R	E	V	**O**
H				R	E	S	P	I	R	O		**H**
L				R	E	P	A	R	O			**L**
E		M	E		V	E	J	O				**E**
P			R	E	F	L	I	T	O			**P**
S				O	L	H	O					**S**
E	**S**	**P**	**E**	**L**	**H**	**O**	**H**	**L**	**E**	**P**	**S**	**E**

Ibaque Reis/Acervo do poeta

(Disponível em: https://www.ibaque.art/poemas?lightbox=image_ifb. Acesso em: 5/1/2021.)

1 O POEMA LIDO FOI ESCRITO DENTRO DE UM QUADRADO.

A) LIGUE OS OBJETOS QUADRADOS A SEGUIR A SEUS NOMES.

Viktorija Reuta/Shutterstock

Mr. Luck/Shutterstock

Dmitry Zimin/Shutterstock

ESPELHO

ENVELOPE

RELÓGIO

B) QUAL DESSES OBJETOS É REPRESENTADO PELO QUADRADO DO POEMA? ESCREVA:

____

2 É PRECISO DECIFRAR UM SEGREDO PARA CONSEGUIR LER ALGUMAS LINHAS DESSE POEMA. TROQUE IDEIAS COM OS COLEGAS E O PROFESSOR E RESPONDA ORALMENTE:

A) QUAL É ESSE SEGREDO?

B) EM QUE ESSE SEGREDO SE PARECE COM O QUE DIZ O POEMA?

3 AS PALAVRAS DA PARTE DE BAIXO DO POEMA ESTÃO NA ORDEM DIRETA. FAÇA A RELAÇÃO CORRETA ENTRE AS PALAVRAS DO POEMA.

OHLEPSE	OLHO
OHLO	VEJO
OTILFER	RESPIRO
OJEV	ESCREVO
ORAPER	REFLITO
ORIPSER	REPARO
OVERCSE	ESPELHO

4 OBSERVE ESTAS DUAS LINHAS DO POEMA:

OJEV ET
ME VEJO

A) O EMPREGO DA PALAVRA **ME** NO POEMA INDICA QUE A PESSOA QUE FALA VÊ A SI MESMA. ONDE ELA SE VÊ?

____

B) ESCREVA COM AS LETRAS NA ORDEM CORRETA A FRASE QUE CORRESPONDE À SEQUÊNCIA **OJEV ET** NO POEMA.

____

C) O EMPREGO DESSA FRASE NO POEMA INDICA QUE:

( ) A PESSOA QUE FALA NO POEMA DIZ QUE VÊ UM SER DE OUTRO PLANETA.

( ) A PESSOA QUE FALA NO POEMA DIZ QUE VÊ A PESSOA COM QUEM ELA FALA.

5 VEJA A SEGUIR OUTROS POEMAS.

A) QUAL DELES É UM POEMA VISUAL COMO O DO ESPELHO, QUE VOCÊ LEU ANTERIORMENTE? MARQUE COM UM X.

( )

CÉU NO ESPELHO DA IMENSIDÃO
ÀS VEZES EU PENSO QUE É UM MAR MEU CORAÇÃO

(Fernanda Sander. "Aquático". *Ideia passarinha: poesia (in)completa para crianças*. São José dos Campos.)

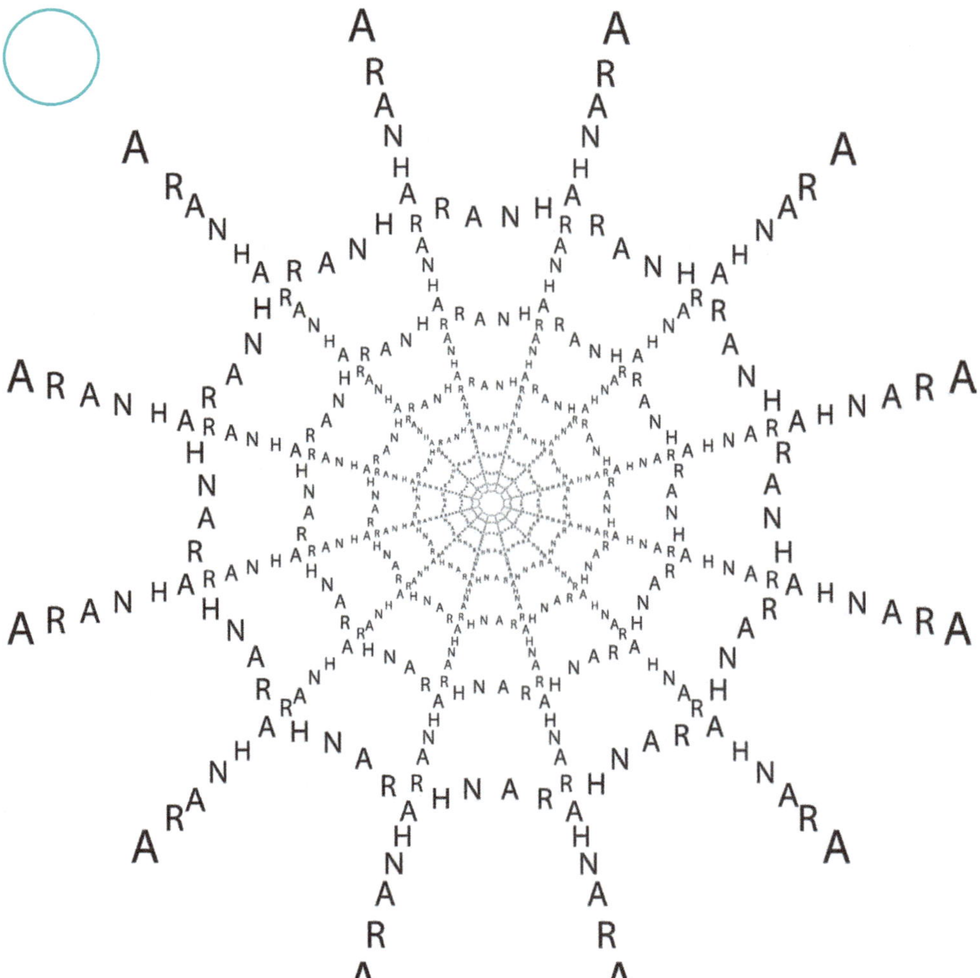

Ibaque Reis/Acervo do poeta

(Disponível em: https://www.ibaque.art/poemas?lightbox=dataItem-kgvaua0a. Acesso em: 5/1/2021.)

B) O QUE ESSE POEMA VISUAL IMITA?

____

C) COMO ESSE POEMA VISUAL FOI CONSTRUÍDO? RESPONDA ORALMENTE.

AGORA É A SUA VEZ

VOCÊ E OS COLEGAS VÃO ESCREVER POEMAS E POEMAS VISUAIS PARA SEREM EXPOSTOS NA MOSTRA DE ARTE QUE VAMOS FAZER AO FINAL DESTA UNIDADE. NESTE CAPÍTULO, VIMOS QUE, ALÉM DOS VERSOS, OS POEMAS PODEM ASSUMIR O FORMATO DAQUILO SOBRE O QUE ELES FALAM, COMO UM ESPELHO OU UMA TEIA DE ARANHA.

JUNTE-SE A ALGUNS COLEGAS PARA CRIAR POEMAS. VEJA A SEGUIR ALGUMAS PROPOSTAS.

- CRIEM NOVAS ESTROFES PARA O POEMA "BONS E MAUS NEGÓCIOS", DA PÁGINA 189. IMAGINEM OUTROS ANIMAIS QUE PODERIAM AJUDAR A MOVIMENTAR ALGUM NEGÓCIO, POR EXEMPLO: LEÃO E CABELEIREIRO, FORMIGA E DOCERIA, COELHOS E LOJAS DE BRINCO, ENTRE OUTROS.
- CRIEM POEMAS SOBRE O TRABALHO DE ALGUM ARTISTA, COMO OS QUE VOCÊS VIRAM NESTA UNIDADE: PALHAÇO, MÁGICO, DANÇARINA, TRAPEZISTA, EQUILIBRISTA, MÚSICO, PINTOR, POETA, ETC.
- FAÇAM UM POEMA SOBRE O CIRCO.
- CONSTRUAM POEMAS VISUAIS, DISTRIBUINDO AS PALAVRAS NA FOLHA EM UM FORMATO QUE SE PAREÇA COM ALGO QUE VOCÊS ESCREVERAM. VEJAM ALGUMAS SUGESTÕES DE TEMA:
  – O PALHAÇO
  – A BAILARINA
  – O MÁGICO
  – O PINTOR

Jean Galvão/Arquivo da editora

PLANEJAMENTO DOS TEXTOS

- COM A AJUDA DO PROFESSOR, ESCOLHAM AS PROPOSTAS DE POEMA QUE O GRUPO VAI PRODUZIR.
- ESCOLHAM OS TEMAS DE CADA POEMA.
- PENSEM EM PALAVRAS LIGADAS AO TEMA QUE RIMEM UMAS COM AS OUTRAS E DECIDAM EM QUAIS VERSOS FARÃO AS RIMAS.
- ESCOLHAM UM FORMATO PARA O POEMA, RELACIONADO A SEU TEMA.
- CRIEM VERSOS CURTOS, QUE CAIBAM EM UMA LINHA.
- DISTRIBUAM OS VERSOS NO FORMATO ESCOLHIDO.

- SE QUISEREM, DEEM TÍTULOS AOS POEMAS.
- SE QUISEREM, ILUSTREM OS POEMAS.
- SE QUISEREM, PINTEM O POEMA VISUAL.

Jean Galvão/Arquivo da editora

REVISÃO E REESCRITA

- OS POEMAS ESTÃO ESCRITOS EM VERSOS CURTOS?
- HÁ RIMAS? ELAS ESTÃO BEM-FEITAS?
- A LINGUAGEM ESTÁ CAPRICHADA, PARECIDA COM A DOS POETAS?
- O POEMA ESTÁ EM UM FORMATO RELACIONADO AO TEMA DO POEMA?
- AS ILUSTRAÇÕES TÊM RELAÇÃO COM O TEMA E ESTÃO CAPRICHADAS?

DIVIRTA-SE

ADIVINHAS ARTÍSTICAS:
VOCÊ É CAPAZ DE DECIFRAR?

- QUAL É A AULA PREFERIDA DA VACA?
- POR QUE O GALO CANTA DE OLHOS FECHADOS?
- O QUE ACONTECE QUANDO UM ESCRITOR VIRA JOGADOR DE FUTEBOL?
- O QUE É, O QUE É? QUANTO MAIS EU TIRO, MAIS EU TENHO.

Roberto Weigand/Arquivo da editora

MÚÚÚÚSICA; PORQUE ELE JÁ SABE A MÚSICA DE COR; ELE FAZ UM GOL DE LETRA; FOTOGRAFIAS.

OFICINA DE CRIAÇÃO

PROJETO: MOSTRA DE ARTE

PARA ENCERRAR AS ATIVIDADES DESTA UNIDADE, PARTICIPE COM OS COLEGAS DE UMA **MOSTRA DE ARTE**. VOCÊ VAI DIVULGAR SEUS TEXTOS E VAI TAMBÉM APRESENTAR PARA TODA A ESCOLA, AMIGOS E FAMILIARES TRUQUES DE MÁGICA, TUTORIAIS DE MÁGICA, DECLAMAÇÕES DE POEMAS, POEMAS VERBAIS E VISUAIS E PAINÉIS DE FOTOGRAFIAS.

1. CONVIDANDO O PÚBLICO

FAÇAM CONVITES PARA CHAMAR O PÚBLICO PARA O EVENTO, INDICANDO A DATA, O HORÁRIO E O LOCAL. SE QUISEREM, VOCÊS PODEM GRAVAR O CONVITE EM VÍDEO OU EM ÁUDIO E DIVULGÁ-LO NO *SITE* DA ESCOLA OU ENVIÁ-LO POR APLICATIVO DE MENSAGEM.

Giz de Cera/Arquivo da editora

2. EXPOSIÇÃO

MONTEM PAINÉIS E VARAIS COM OS TEXTOS PRODUZIDOS POR VOCÊS AO LONGO DA UNIDADE:

- UM PAINEL FOTOGRÁFICO COM AS IMAGENS QUE VOCÊS ESCOLHERAM E LEGENDARAM.
- UM VARAL COM OS TEXTOS DE INSTRUÇÕES DE MÁGICA.
- UM VARAL COM OS POEMAS VERBAIS E VISUAIS.

3. COM VOCÊS, O MÁGICO!

APRESENTEM AOS CONVIDADOS AS MÁGICAS QUE VOCÊS APRENDERAM NESTA UNIDADE. SE POSSÍVEL, USEM ROUPA DE MÁGICO, ISTO É, CASACA E CALÇA PRETAS E UMA CARTOLA.

Filipe Rocha/Arquivo da editora

4. CANTANDO CANTIGA

APRESENTEM, TODOS JUNTOS, A CANTIGA "RIBEIRÃO", QUE VOCÊS APRENDERAM E ENSAIARAM NO CAPÍTULO 3.

5. ABRAM ALAS PARA A POESIA!

APRESENTEM AO PÚBLICO A DECLAMAÇÃO DOS POEMAS LIDOS NA UNIDADE, QUE VOCÊS JÁ ENSAIARAM NA SALA DE AULA.

Giz de Cera/Arquivo da editora

UNIDADE

4 ERA UMA VEZ...

AS HISTÓRIAS ESTÃO EM TODO LUGAR, E TODOS NÓS TEMOS UMA HISTÓRIA BEM BONITA GUARDADA NO CORAÇÃO. VOCÊ, POR EXEMPLO, SABE O NOME DA HISTÓRIA NA QUAL UMA MENINA COM UMA CAPA VERMELHA ENCONTRA UM LOBO NA FLORESTA? E SE LEMBRA DE UMA HISTÓRIA EM QUE UM PRÍNCIPE E UMA PRINCESA, DEPOIS DE SOFREREM MUITO, VIVERAM FELIZES PARA SEMPRE? VENHA CONHECER ESSE FANTÁSTICO MUNDO MARAVILHOSO!

SEU LOBO

SEU LOBO, POR QUE ESSES OLHOS TÃO GRANDES?
PRA TE VER, CHAPEUZINHO.

[...]

SEU LOBO, POR QUE ESSES BRAÇOS TÃO FORTES?
PRA TE PEGAR, CHAPEUZINHO.

[...]

SEU LOBO, POR QUE ESSE NARIZ TÃO GRANDE?
PRA TE CHEIRAR, CHAPEUZINHO.

SEU LOBO, POR QUE ESSA BOCA TÃO GRANDE?
AH, DEIXA DE SER ENJOADA, CHAPEUZINHO!

(Sérgio Capparelli. *111 poemas para crianças.* Porto Alegre: L&PM, 2003. p. 19.)

Jean Galvão/Arquivo da editora

DIVIRTA-SE... E FIQUE POR DENTRO!

Biry Sarkis/
Arquivo da editora

FILMES E VÍDEOS

Reprodução/Walt Disney Pictures/Roth Films

- *MALÉVOLA* (2014) E *MALÉVOLA: DONA DO MAL* (2019).

  O PRIMEIRO FILME É UMA RECRIAÇÃO DO CONTO "A BELA ADORMECIDA", EM QUE O FOCO PRINCIPAL NÃO É A PRINCESA, E SIM A GRANDE VILÃ DA HISTÓRIA. A CONTINUAÇÃO SE PASSA CINCO ANOS APÓS O DESPERTAR DE AURORA. A VILÃ MALÉVOLA ACOMPANHA A ATUAL RAINHA, PEDIDA EM CASAMENTO, EM UM JANTAR COM OS FUTUROS SOGROS.
- ASSISTA TAMBÉM AOS FILMES *A PRINCESA E O SAPO*, *A BELA E A FERA*, *ENROLADOS*, *BRANCA DE NEVE E OS SETE ANÕES* E *A PEQUENA SEREIA*, DOS ESTÚDIOS DISNEY; *ALICE NO PAÍS DAS MARAVILHAS*, DE TIM BURTON; E *ALLADIN*, DE GUY RITCHIE.
- CONFIRA HISTÓRIAS NO *SITE* DA TV RÁ-TIM-BUM EM *LÁ VEM HISTÓRIA*: http://tvratimbum.cmais.com.br/.
- CONTAÇÃO DE HISTÓRIA DO CONTO "A BELA ADORMECIDA": https://www.youtube.com/watch?v=s_bO29d8J8M.

SITES

- CONTOS DOS IRMÃOS GRIMM: www.grimmstories.com/pt/grimm_contos/list/
- QUEM FORAM OS IRMÃOS GRIMM? ACOMPANHE PELO *LINK*: https://www1.folha.uol.com.br/webstories/cultura/2020/09/quem-foram-os-irmaos-grimm/

LIVROS

Reprodução/Editora Positivo

VÁ À BIBLIOTECA DA ESCOLA OU À BIBLIOTECA DO BAIRRO OU DA CIDADE ONDE VOCÊ MORA E VEJA SE OS LIVROS INDICADOS A SEGUIR ESTÃO DISPONÍVEIS PARA EMPRÉSTIMO. SE NÃO ESTIVEREM, SELECIONE OUTROS SOBRE O TEMA DESTA UNIDADE.

- *O LOBO NÃO MORDE!*, DE EMILY GRAVETT (CARAMELO). VOCÊ JÁ IMAGINOU SE O LOBO DO CONTO "OS TRÊS PORQUINHOS" FICASSE DOMINADO PELOS TRÊS IRMÃOS? POIS É O QUE ACONTECE NESSE LIVRO. ATÉ QUANDO O LOBO IRÁ SUPORTAR AS HUMILHAÇÕES QUE PASSA A SOFRER?
- LEIA TAMBÉM: *CHAPEUZINHO AMARELO*, DE CHICO BUARQUE DE HOLANDA; E *ERA UMA VEZ...*, DE BENJAMIN LACOMBE.

MÚSICAS

Reprodução/Youtube

OUÇA:

- "JOÃO E MARIA", DE CHICO BUARQUE: https://www.youtube.com/watch?v=i1fbC26m9L0.
- "JÁ ERA UMA VEZ", DO GRUPO CRIA: https://www.youtube.com/watch?v=wztmjUls4Us.
- "ASSIM ASSADO", DO GRUPO PALAVRA CANTADA EM PARCERIA COM EVA FURNARI: https://www.youtube.com/watch?v=6O_cgx_lXPs.

OFICINA DE CRIAÇÃO

PROJETO: UM DIA DE HISTÓRIAS

- PARTICIPE DA PRODUÇÃO DE UM LIVRO DE CONTOS MARAVILHOSOS E DE UM DIA DE CONTAÇÃO DE HISTÓRIAS.

Jean Galvão/Arquivo da editora

CAPÍTULO 1

HISTÓRIAS PARA SEMPRE

LEITURA DE IMAGEM

OBSERVE A ILUSTRAÇÃO A SEGUIR.

Larissa Fernandez/Acervo da artista

(Ilustração de Larissa Fernandez Carvalho. Disponível em: https://www.behance.net/gallery/76400235/Contos-de-fada. Acesso em: 22/10/2020.)

EXPRESSÃO ORAL

RESPONDA ORALMENTE ÀS PERGUNTAS QUE O PROFESSOR VAI FAZER.

EXPRESSÃO ESCRITA

1 VOCÊ VIU QUE HÁ ALGUMAS FORMAS DE ANIMAIS NA IMAGEM. DESCUBRA QUAIS SÃO OS ANIMAIS E LIGUE AS IMAGENS A SEUS NOMES.

Imagens: Larissa Fernandez/Acervo da artista

PÁSSAROS

VEADO

COELHO

ESQUILO

LOBO

2 COMPLETE O NOME DA FRUTA QUE FOI ESCOLHIDA PARA DAR FORMATO À ILUSTRAÇÃO:

A BRANCA DE NEVE COMEU UMA

[ ] ÇÃ ENVENENADA.

3 QUANTAS SÍLABAS TEM O NOME DA FRUTA MORDIDA POR BRANCA DE NEVE?

[ ]

4 POR TER A PELE MUITO CLARA, A PERSONAGEM DO CONTO ERA CHAMADA DE BRANCA DE NEVE. CIRCULE AS VOGAIS QUE HÁ NO NOME DA PERSONAGEM.

A E I O U

Ilustrações: Jean Galvão/Arquivo da editora

5 PINTE A PALAVRA QUE COMEÇA COM A MESMA SÍLABA INICIAL DO NOME DA PERSONAGEM:

BRANDO	CARRO
DUENDE	PÁSSARO

6 QUAL É A ÚLTIMA SÍLABA DA PALAVRA BRANCA?

[ ]

7 ENCONTRE A MESMA SÍLABA NO BAÚ DE PALAVRAS E PINTE-A:

Ilustra Cartoon/Arquivo da editora

8 PINTE A PALAVRA QUE RIMA COM NEVE:

NADA	LEVE
NEM	NUNCA

REFLEXÃO SOBRE A LINGUAGEM

DE OLHO NA LEITURA E NA ESCRITA: CA, CO, CU, QUE, QUI, GA, GO, GU, GUE, GUI

CA, CO, CU, QUE, QUI

ACOMPANHE A LEITURA QUE O PROFESSOR VAI FAZER DESTE CORDEL:

A MENINA QUE NÃO QUERIA SER PRINCESA

ERA UMA VEZ UMA MENINA
DOTADA DE ESPERTEZA
NASCIDA LÁ NO SERTÃO
BATIZADA DE TEREZA
ERA MUITO DA DANADA
ARRETADA DE BRABEZA.

ELA MUITO CURIOSA
GOSTAVA DE AVENTURA
CARREGAVA BELA FAMA
DE FAZER MUITA LOUCURA

[...]

FOI QUE A MÃE APERREADA
TEVE ENTÃO UMA CLAREZA
MANDOU TRAZER UM LIVRO
COM HISTÓRIA DE PRINCESA
SEGURA DO SEU SUCESSO
DEU O LIVRO PRA TEREZA.

Ilustrações: Jean Galvão/Arquivo da editora

A MENINA INTERESSADA
LOGO SE BOTOU A LER
SUBIA E DESCIA O OLHO
MAS NÃO PODIA ENTENDER
A PRINCESA ERA FROUXA
E NADA SABIA FAZER.

[...]

MUITA FRESCURA ENJOADA
MUITA REGRA E ETIQUETA
TEREZA ERA MUITO ATIVA
BRINCAVA DE CARRAPETA
BOLA DE GUDE, FUTEBOL
PATINS, TERRA E LUNETA.

Ilustrações: Jean Galvão/Arquivo da editora

[...]

SE TEM MENINA PRINCESA
QUE GOSTA MUITO DE ROSA
TEM TAMBÉM A DANADINHA
E QUE É MUITO GENIOSA
TEREZA ERA SÓ UM TIPO
DE GAROTA TALENTOSA.

[...]

(Jarid Arraes. Disponível em: https://revistaforum.com.br/noticias/cordel-infantil-a-menina-que-nao-queria-ser-princesa/. Acesso em: 20/10/2020.)

RESPONDA ORALMENTE ÀS QUESTÕES 1 A 4.

1. COM QUE PALAVRA OU EXPRESSÃO O CORDEL COMEÇA?

2. QUE OUTRAS HISTÓRIAS COMEÇAM DESSA MESMA FORMA?

3. QUAL É A DIFERENÇA ENTRE TEREZA E AS PRINCESAS DOS CONTOS MARAVILHOSOS?

4. O QUE A MÃE FAZ PARA TEREZA SE INTERESSAR EM SER PRINCESA? A IDEIA DA MÃE DÁ CERTO?

5. PRONUNCIE ESTAS PALAVRAS:

CANTANDO	CORDEL
CASTELO	CURIOSA
CONTO	FRESCURA

NAS SÍLABAS EM VERMELHO, QUE VOGAIS HÁ DEPOIS DA LETRA **C**? ESCREVA:

6. PRONUNCIE ESTAS OUTRAS PALAVRAS:

QUEDA	ETIQUETA
QUIS	CONQUISTA

QUE VOGAIS HÁ DEPOIS DAS LETRAS **QU**?

7 COMPLETE:

- QUANDO HÁ O SOM "QUÊ", EMPREGAMOS A LETRA

  ________ ANTES DAS VOGAIS **A**, **O**, **U**.

- QUANDO HÁ O SOM "QUÊ", EMPREGAMOS AS LETRAS

  ________ ANTES DAS VOGAIS **E**, **I**.

8 PREENCHA AS LACUNAS, FORMANDO OS NOMES DOS CONTOS MARAVILHOSOS:

BRAN________ DE NEVE E OS SETE ANÕES

PE________NA SEREIA

OS TRÊS POR________NHOS

________CHINHOS DOURADOS E OS TRÊS URSOS

Jean Galvão/Arquivo da editora

9 VEJA, ABAIXO, OS ANIMAIS ENCONTRADOS NA FLORESTA ENCANTADA. ORGANIZE AS SÍLABAS E ESCREVA O NOME DE CADA UM DELES.

Fabio Ara/Shutterstock

RI – PE – TO – QUI

Papa Bravo/Shutterstock

CA – CO – MA

Jungle Bandana/Shutterstock

LO – QUI – ES

BABAROGA/Shutterstock

COL – CA – RA

Vaclav Sebek/Shutterstock

RÉ – JA – CA

10 ESCREVA, EM ORDEM ALFABÉTICA, O NOME DOS ANIMAIS QUE VOCÊ ESCREVEU NO EXERCÍCIO ANTERIOR.

11 COMPLETE AS PALAVRAS COM UMA DESTAS SÍLABAS: **CA**, **CO**, **CU**, **QUE**, **QUI**.

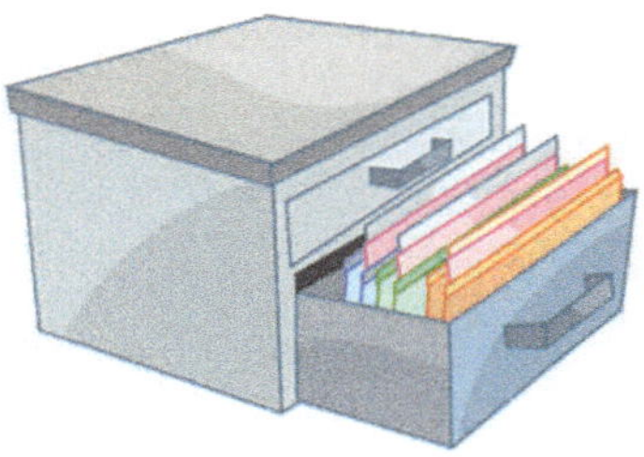

AR________VO

________MISA

MOS________TO

Ilustrações: Lie Kobayashi/Arquivo da editora

________BRA

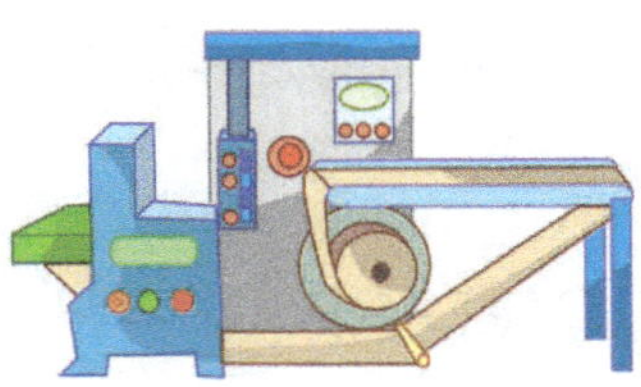

MÁ________NA

________RUJA

RA________TE

________CO

CA________

GA, GO, GU, GUE, GUI

LEIA ESTA TIRA, COM O AUXÍLIO DO PROFESSOR OU DE OUTRO ADULTO:

(Disponível em: https://www1.folha.uol.com.br/fsp/quadrin/f31104200206.htm. Acesso em: 20/10/2020.)

RESPONDA ORALMENTE ÀS QUESTÕES 1 E 2.

1 NO PRIMEIRO QUADRINHO, O RATO DIZ:

"ERA UMA VEZ UM REINO MUITO DISTANTE..."

A) O QUE PARECE QUE ELE VAI FAZER NOS OUTROS QUADRINHOS?

B) ISSO DE FATO ACONTECEU?

2 NO QUARTO QUADRINHO, DESCOBRIMOS POR QUE O RATO REPETE VÁRIAS VEZES O INÍCIO DA HISTÓRIA. EXPLIQUE A INTENÇÃO DELE.

3 CIRCULE UMA PALAVRA NA TIRA QUE COMECE COM A LETRA **G**.

4 COPIE OUTRA PALAVRA DA TIRA QUE CONTÉM A LETRA **G**.

____

5 LEIA AS PALAVRAS ABAIXO E ESCREVA-AS NA PRIMEIRA OU NA SEGUNDA COLUNA DO QUADRO, CONFORME O SOM DA LETRA **G**.

GELO GEMA GOIABA

GALO GIGANTE

GULOSO GARRAFA

GIBI

Ilustra Cartoon/Arquivo da editora

GENTE	ALGO

6 COMPARE ESTAS PALAVRAS QUANTO AO SOM:

Filipe Rocha/Arquivo da editora

GÊNIO

GIGANTE

GUERREIRO

GUITARRA

O QUE ACONTECE COM O SOM DA LETRA **G** QUANDO ELA É SEGUIDA DE **U** ANTES DE **I** E **E**? RESPONDA ORALMENTE.

7 COMPLETE AS PALAVRAS COM **GA**, **GO**, **GU**, **GUE** OU **GUI**.

__________ TA

FORMI __________

CARAN __________ JO

__________ LINHA

A __________ LHA

Á __________ A

__________ NDASTE

Ilustrações: Ilustra Cartoon/
Arquivo da editora

8 LIGUE A PALAVRA CERTA À FIGURA:

GATO

GORRO

GULOSEIMA

GUIA

GUERRA

GUEPARDO

MÁGICO

GELO

GIBI

Ilustrações: Jean Galvão/Arquivo da editora

BRINCANDO COM PALAVRAS

1. RISQUE TODAS AS LETRAS **L** E DESCUBRA ALGUMAS PERSONAGENS DE CONTOS MARAVILHOSOS. ESCREVA OS NOMES ENCONTRADOS E FAÇA AS ILUSTRAÇÕES CORRESPONDENTES.

LLLPELLLQUELLLNALLL
SELLLREILLLLLALLLLLLL

____

____

____

____

LLLLLLLBRANLLLLCALLLLLL
LLLLDELLLLLLLNELLLVELL

____

____

____

____

2. JUNTE-SE A UM OU DOIS COLEGAS E RESOLVAM A CRUZADINHA PARA CONHECER MAIS ALGUNS PERSONAGENS DE CONTOS MARAVILHOSOS.

AJUDA DOROTHY E SEUS AMIGOS A REALIZAR SEUS DESEJOS: ________ DE OZ.

Aga Es/Shutterstock

Reprodução/Ilustração Antoine de Saint-Exupéry

OS TRÊS ________

Dreamworks Animation/Alamy/Fotoarena

Christos Georghiou/ Shutterstock

________ DE BOTAS

ESPETOU O DEDO E DORMIU UM SONO PROFUNDO: BELA ________________

ENTROU NA CASA DE UMA FAMÍLIA DE URSOS: ________ DOURADOS

Haso/Shutterstock

3 OBSERVE A ILUSTRAÇÃO E DESCUBRA QUAL É O CONTO MARAVILHOSO. DEPOIS, ESCREVA OS DOIS TÍTULOS QUE ESSE CONTO COSTUMA RECEBER.

Larissa Fernandez/Acervo da artista

DICA!

O NOME DESSA PERSONAGEM TEM A VER COM O FATO DE ELA TER DE DORMIR PERTO DE BRASAS DE BORRALHOS PARA SE ESQUENTAR E, POR ISSO, FICAR SEMPRE SUJA DE CINZAS.

DE OLHO NA ORALIDADE: RECONTO DE CONTOS MARAVILHOSOS

QUE TAL RELER OU OUVIR NOVAMENTE AQUELA HISTÓRIA PREFERIDA?

PROCURE NA BIBLIOTECA DA ESCOLA, NA BIBLIOTECA DA SALA DE AULA OU EM SUA CASA LIVROS DE CONTOS MARAVILHOSOS.

REÚNA-SE COM OS COLEGAS EM GRUPOS E SELECIONEM UM CONTO PARA LER E, DEPOIS, RECONTAR PARA A TURMA. PARA ISSO, VOCÊS PODEM ELEGER UM DOS COLEGAS DO GRUPO.

VEJAM ALGUMAS SUGESTÕES:

- CHAPEUZINHO VERMELHO
- OS TRÊS PORQUINHOS
- A BRANCA DE NEVE
- JOÃO E O PÉ DE FEIJÃO
- A BELA ADORMECIDA
- A GATA BORRALHEIRA
- JOÃO E MARIA
- PINÓQUIO
- A BELA E A FERA
- O MÁGICO DE OZ
- ALICE NO PAÍS DAS MARAVILHAS
- PETER PAN
- ALADIN

FILMEM OU GRAVEM EM ÁUDIO OS RECONTOS ORAIS PARA APRESENTAR NO DIA DO LANÇAMENTO DO LIVRO DA TURMA, NO FINAL DESTA UNIDADE.

PRODUÇÃO DE TEXTO

CAPA DE LIVRO DE CONTOS

APÓS RELEMBRAR OS CONTOS PREFERIDOS DA TURMA, FAÇAM ILUSTRAÇÕES PARA COMPOR A CAPA DO LIVRO DE CONTOS QUE VOCÊS VÃO ORGANIZAR AO FINAL DESTA UNIDADE.

FAÇAM UM DESENHO BASEADO EM UM DOS CONTOS RECONTADOS PELA TURMA. CRIEM TAMBÉM UM TÍTULO PARA O LIVRO.

PLANEJAMENTO DO TEXTO

- SELECIONEM UMA PASSAGEM DO CONTO ESCOLHIDO PARA ILUSTRAR, MAS SEM ADIANTAR O FINAL DA HISTÓRIA. A ILUSTRAÇÃO PODE TER APENAS UM PERSONAGEM OU VÁRIOS E PODE ESTAR RELACIONADA A UM MOMENTO DO INÍCIO, DO MEIO OU DO FINAL DO CONTO.
- PLANEJEM A ILUSTRAÇÃO PENSANDO EM CARACTERÍSTICAS DOS PERSONAGENS E ACONTECIMENTOS DO CONTO QUE PODEM SER FACILMENTE RECONHECIDOS PELOS LEITORES.
- SELECIONEM AS CORES QUE VOCÊS VÃO USAR.
- FAÇAM UM RASCUNHO DA ILUSTRAÇÃO.
- PENSEM EM UM TÍTULO PARA O LIVRO DA TURMA. LEMBREM-SE: O LIVRO SERÁ UMA REUNIÃO DE CONTOS RECONTADOS E SELECIONADOS POR VOCÊS.
- PLANEJEM A LOCALIZAÇÃO DO TÍTULO NO DESENHO.
- IDENTIFIQUEM A TURMA NA CAPA.

REVISÃO E REESCRITA

DEPOIS QUE A CAPA ESTIVER PRONTA, CONFIRMEM:

- É POSSÍVEL RECONHECER O CONTO PELA ILUSTRAÇÃO?
- A ILUSTRAÇÃO É DE ALGUM PERSONAGEM OU DE ALGUM MOMENTO DA HISTÓRIA?
- O TÍTULO ESTÁ BEM VISÍVEL, COM LETRAS GRANDES E EM COR QUE SE DESTACA NO FUNDO?
- HÁ A IDENTIFICAÇÃO DA TURMA QUE PRODUZIRÁ O LIVRO?

APÓS FINALIZAR AS CAPAS, A TURMA PODE ESCOLHER UMA E EXPOR AS DEMAIS NO DIA DE LANÇAMENTO DO LIVRO OU PODE PRODUZIR VÁRIOS EXEMPLARES DO LIVRO, UM COM CADA UMA DAS CAPAS.

DIVIRTA-SE

ENCONTRE OS 7 ERROS:

Ilustra Cartoon/Arquivo da editora

CAPÍTULO 2

PELA HISTÓRIA AFORA...

LEITURA

TEXTO 1

DE OLHO NA ORALIDADE: ESCUTA DE CONTO MARAVILHOSO

CONTAR E OUVIR HISTÓRIAS É MUITO GOSTOSO.

VOCÊ CONHECE A HISTÓRIA DA CHAPEUZINHO VERMELHO?

SENTE-SE EM CÍRCULO COM OS COLEGAS E OUÇA A HISTÓRIA QUE O PROFESSOR VAI LER.

DeepGreen/Shutterstock

EXPRESSÃO ORAL

RESPONDA ORALMENTE ÀS PERGUNTAS QUE O PROFESSOR VAI FAZER.

PARTE 1

1. POR QUE CHAPEUZINHO VERMELHO TINHA ESSE NOME?
2. POR QUE A MÃE DE CHAPEUZINHO VERMELHO MANDA A FILHA LEVAR BOLOS E MANTEIGA PARA A AVÓ?
3. QUE ERRO CHAPEUZINHO VERMELHO COMETEU AO ENCONTRAR O LOBO NO CAMINHO?

PARTE 2

4. O LOBO ARMA UM PLANO. QUAL É O PLANO?
5. DE QUE MODO O LOBO ENGANA A AVÓ?

PARTE 3

6. CHAPEUZINHO VERMELHO CHEGA À CASA DA AVÓ E ESTRANHA A VELHINHA. POR QUE ELA ESTRANHA A VELHINHA?
7. POR QUE O LOBO NÃO SE INTERESSOU EM COMER O BOLO E A MANTEIGA?
8. O MAIOR ERRO DE CHAPEUZINHO VERMELHO FOI A INGENUIDADE. QUE AÇÕES DA MENINA MOSTRAM QUE ELA ERA INGÊNUA, OU SEJA, NÃO TINHA NENHUMA MALÍCIA?

QUEM É CHARLES PERRAULT?

CHARLES PERRAULT (1628-1703) NASCEU EM PARIS, NA FRANÇA. POETA E ESCRITOR, É CONSIDERADO O PAI DA LITERATURA INFANTIL, POIS FOI ELE QUEM ESCREVEU AS HISTÓRIAS QUE ERAM CONTADAS ORALMENTE NAS CORTES FRANCESAS. ENTRE AS HISTÓRIAS QUE ESCREVEU ESTÃO *CHAPEUZINHO VERMELHO*, *O GATO DE BOTAS*, *CINDERELA* E *O PEQUENO POLEGAR*.

Album/De Agostini/G. Dagli Orti/Fotoarena

DE OLHO NA ORALIDADE: RECONTO DE HISTÓRIA

VOCÊ JÁ OUVIU O CONTO *CHAPEUZINHO VERMELHO*, MAS SERÁ QUE É CAPAZ DE CONTAR ESSA HISTÓRIA?

JUNTE-SE A DOIS COLEGAS DA TURMA E CONTE A ELES A HISTÓRIA DE CHAPEUZINHO VERMELHO.

SIGA ESTAS INSTRUÇÕES:

- COMECE COM "ERA UMA VEZ...".
- USE EXPRESSÕES PARA INDICAR O TEMPO, COMO **UM DIA**, **DEPOIS**, **LOGO DEPOIS**, **ENTÃO**.
- CONTE OS FATOS NA ORDEM EM QUE ACONTECERAM, SEM MUDAR A SEQUÊNCIA.
- SE QUISER FALAR COMO OS PERSONAGENS, FALE COM ÊNFASE, OU MUDE A VOZ, PARA A HISTÓRIA FICAR MAIS DIVERTIDA.

Giz de Cera/Arquivo da editora

AGORA QUE VOCÊ JÁ OUVIU A HISTÓRIA DA CHAPEUZINHO VERMELHO, VAMOS TENTAR LER O TEXTO? LEIA-O COM A AJUDA DO PROFESSOR E DOS COLEGAS.

CHAPEUZINHO VERMELHO

ERA UMA VEZ UMA PEQUENA CAMPONESA, A MAIS BONITA QUE SE POSSA IMAGINAR. SUA MÃE ERA LOUCA POR ELA E SUA AVÓ MAIS AINDA.

A AVÓ FEZ-LHE UM PEQUENO CHAPÉU VERMELHO QUE LHE ASSENTAVA MARAVILHOSAMENTE BEM. POR ISSO, EM TODA PARTE, PASSARAM A CHAMÁ-LA CHAPEUZINHO VERMELHO.

UM DIA, TENDO FEITO BOLOS FOLHADOS, A MÃE CHAMOU CHAPEUZINHO VERMELHO E DISSE:

— VAI VER COMO ANDA A TUA AVÓ. DISSERAM-ME QUE ESTÁ DOENTE. APROVEITA E LEVA-LHE UM DESTES BOLOS E ESTE PEQUENO POTE DE MANTEIGA FRESCA.

CHAPEUZINHO VERMELHO PARTIU PARA A CASA DA AVÓ, QUE MORAVA EM OUTRA ALDEIA.

PASSANDO DENTRO DE UM BOSQUE, ENCONTROU O COMPADRE LOBO, QUE TEVE LOGO VONTADE DE COMÊ-LA.

MAS NÃO OUSOU FAZER ISSO, POR CAUSA DE UNS LENHADORES QUE ESTAVAM NA FLORESTA.

— PARA ONDE VOCÊ ESTÁ INDO? — PERGUNTOU ENTÃO.

A POBRE CRIANÇA, QUE NÃO SABIA COMO É PERIGOSO PARAR PARA ESCUTAR LOBOS, RESPONDEU:

— VOU VISITAR MINHA AVÓ E LEVAR-LHE UM BOLO E UM PEQUENO POTE DE MANTEIGA.

— ELA MORA MUITO LONGE?

— AH, MORA — DISSE CHAPEUZINHO VERMELHO.

— É LÁ, DEPOIS DO MOINHO, ESTÁ VENDO? NA PRIMEIRA CASA DA ALDEIA.

Giz de Cera/Arquivo da editora

— MUITO BEM — DISSE O LOBO — QUERO IR VISITÁ-LA TAMBÉM. EU VOU POR ESTE CAMINHO AQUI E VOCÊ POR AQUELE CAMINHO LÁ. VAMOS APOSTAR QUEM CHEGA PRIMEIRO?

E, SEM ESPERAR RESPOSTA, COMEÇOU A CORRER A TODA VELOCIDADE, PELO CAMINHO MAIS CURTO.

A MENINA FOI PELO CAMINHO MAIS LONGO. DIVERTIU-SE COLHENDO AVELÃS, CORRENDO ATRÁS DAS BORBOLETAS E FAZENDO BUQUÊS COM AS FLOREZINHAS QUE ENCONTRAVA. DE MODO QUE DEMOROU BASTANTE.

O LOBO NÃO LEVOU MUITO TEMPO PARA CHEGAR À CASA DA AVÓ. BATEU: TOC, TOC, TOC.

— QUEM ESTÁ AÍ? — PERGUNTARAM LÁ DE DENTRO.

— É SUA NETA, CHAPEUZINHO VERMELHO — RESPONDEU O LOBO, AFINANDO A VOZ. — ESTOU TRAZENDO UM BOLO E UM POTEZINHO DE MANTEIGA FRESCA, QUE MINHA MÃE LHE MANDOU.

Giz de Cera/Arquivo da editora

A BOA AVOZINHA ESTAVA DE CAMA, PORQUE NÃO SE SENTIA BEM. PARA NÃO SE LEVANTAR, EXPLICOU:

— LEVANTA O FERROLHO E EMPURRA A PORTA, MINHA FILHA.

O LOBO FEZ COMO ELA DIZIA E A PORTA ABRIU-SE.

ELE SE JOGOU SOBRE A BOA MULHER E A DEVOROU NUM PISCAR DE OLHOS, POIS HAVIA TRÊS DIAS QUE NÃO COMIA.

EM SEGUIDA, FECHOU A PORTA E FOI DEITAR-SE NA CAMA. FICOU ESPERANDO.

POUCO DEPOIS, CHAPEUZINHO VERMELHO BATEU: TOC, TOC, TOC.

— QUEM ESTÁ AÍ?

OUVINDO AQUELA VOZ TÃO GROSSA, CHAPEUZINHO VERMELHO NO PRINCÍPIO TEVE MEDO. MAS DEPOIS, ACREDITANDO QUE SUA AVÓ ESTIVESSE RESFRIADA, RESPONDEU:

— É SUA NETA, CHAPEUZINHO VERMELHO. ESTOU TRAZENDO UM BOLO E UM PEQUENO POTE DE MANTEIGA, QUE MINHA MÃE LHE MANDOU.

O LOBO ADOÇOU UM POUCO A VOZ E GRITOU:

— LEVANTA O FERROLHO E EMPURRA A PORTA, MINHA FILHA.

CHAPEUZINHO VERMELHO LEVANTOU O FERROLHO E A PORTA ABRIU-SE.

Giz de Cera/Arquivo da editora

O LOBO ESCONDEU-SE DEBAIXO DAS COBERTAS E DISSE:

— PÕE O BOLO E O POTEZINHO DE MANTEIGA SOBRE A ARCA E VEM DEITAR-TE AO MEU LADO.

CHAPEUZINHO VERMELHO FEZ ISSO.

FICOU MUITO ESPANTADA VENDO COMO SUA AVÓ ESTAVA DIFERENTE. DISSE:

— VOVÓ, QUE BRAÇOS GRANDES A SENHORA TEM!

— É PARA MELHOR TE ABRAÇAR, MINHA NETA.

— VOVÓ, QUE PERNAS GRANDES A SENHORA TEM!

— É PARA MELHOR CORRER, MINHA FILHA.

— VOVÓ, QUE ORELHAS GRANDES A SENHORA TEM!

— É PARA MELHOR ESCUTAR, MINHA CRIANÇA.

— VOVÓ, QUE OLHOS GRANDES A SENHORA TEM!

— É PARA MELHOR TE ENXERGAR, MINHA QUERIDA.

— VOVÓ, QUE DENTES GRANDES A SENHORA TEM!

— É PARA TE COMER.

E, DIZENDO ESSAS PALAVRAS, O MALVADO LOBO JOGOU-SE SOBRE CHAPEUZINHO VERMELHO E COMEU-A.

(*Contos de Perrault*, recontados por Fernanda Lopes de Almeida e ilustrados por Elizabeth Teixeira. São Paulo: Ática, 2007. p. 64-66.)

EXPRESSÃO ESCRITA

1 ASSOCIE AS PERSONAGENS AOS NOMES:

LOBO

AVÓ

CHAPEUZINHO VERMELHO

Ilustrações: Giz de Cera/Arquivo da editora

2 OBSERVE ESTA PALAVRA:

LOBO

A) QUANTAS VOGAIS ELA TEM?

B) CIRCULE AS CONSOANTES DA PALAVRA.

C) DIVIDA A PALAVRA EM SÍLABAS:

D) QUE OUTRA PALAVRA VOCÊ FORMA SE INVERTER A ORDEM DESSAS SÍLABAS? ESCREVA:

E) FAÇA UM DESENHO DA PALAVRA QUE VOCÊ FORMOU:

3 RELEIA ESTAS FRASES DO TEXTO:

- "— VAI VER COMO ANDA A TUA AVÓ."
- "— ELA MORA MUITO LONGE?"
- "— VOVÓ, QUE BRAÇOS GRANDES A SENHORA TEM!"

NO FINAL DE CADA FRASE, HÁ UM SINAL DE PONTUAÇÃO: O PONTO (.), O PONTO DE INTERROGAÇÃO (?) E O PONTO DE EXCLAMAÇÃO (!).

LIGUE O SINAL DE PONTUAÇÃO À FUNÇÃO QUE ELE TEM NA FRASE:

PONTO (.)	INDICA QUE A FRASE É UMA PERGUNTA.
PONTO DE INTERROGAÇÃO (?)	MARCA O FIM DA FRASE.
PONTO DE EXCLAMAÇÃO (!)	INDICA ÊNFASE, DESTAQUE, ÂNIMO.

4 PONTUE CORRETAMENTE ESTE DIÁLOGO ENTRE MÃE E FILHO:

— MARQUINHOS, QUAL É A SUA HISTÓRIA PREFERIDA ____

— É JOÃO E MARIA, MÃE ____

— POR QUÊ ____

— PORQUE ELES ENCONTRAM UMA CASA FEITA DE DOCES ____

5 CHAPEUZINHO VERMELHO DESCONFIA DO LOBO AO REPARAR NAS PARTES DE SEU CORPO. ESCREVA O NOME DE CADA UMA DELAS.

Ilustrações: Giz de Cera/Arquivo da editora

OUÇA A CANÇÃO E ACOMPANHE SUA LETRA. DEPOIS, RELEIA-A COM O AUXÍLIO DO PROFESSOR.

TEXTO 2

LOBO

EU SOU UM LOBO SÓ
TÃO SOZINHO ASSIM
O QUE EU MAIS QUERIA
ERA UM LAR SÓ PARA MIM
TENTEI FAZER AMIGOS
FUGIRAM "RAPIDIM"
NÃO ME DEIXARAM ENTRAR
PRA COMER DO SEU PUDIM
EU TENHO MEUS DEFEITOS
SEI QUE SOU COMILÃO
MAS LÁ NA FLORESTA
NÃO TEM TICKET ALIMENTAÇÃO
A ÚLTIMA ESPERANÇA
ERA O AMOR MAIS VERDADEIRO
DE SONHO DE CRIANÇA
DA CHAPEUZINHO VERMELHO
MAS SEMPRE VEM UM CAÇADOR
DESSES EU TENHO PAVOR
ME MATAM E VENDEM A PELE
PRA UM TAL DE CHRISTIAN DIOR
CONFESSO QUE TENTEI
ME REABILITAR
FUI A UM NUTRICIONISTA

Filipe Rocha/Arquivo da editora

PARA VEGETARIANO VIRAR
MAS TUDO DEU ERRADO
E AGORA EU TENHO CERTEZA
NINGUÉM PODE MUDAR
SUA PRÓPRIA NATUREZA
AU AU AU
ENTÃO EU UIVO A NOITE INTEIRA
AU AU AU
QUANDO ESTOU DE BARRIGA CHEIA
AU AU AU
ENTÃO EU UIVO EM NOITES DE LUAR
AU AU AU
A NATUREZA É O MEU LUGAR

Filipe Rocha/Arquivo da editora

(Fernanda Sander. Texto cedido pela autora.)

1. O LOBO SE SENTE SOZINHO. O QUE ELE MAIS QUERIA TER NA VIDA? RESPONDA ORALMENTE.

2. O LOBO TEM AMIGOS? ESCREVA:

3. OS AMIGOS DO LOBO FUGIRAM "RAPIDIM". **RAPIDIM** É O JEITO COMO ALGUMAS PESSOAS FALAM CERTA PALAVRA DO PORTUGUÊS. ESCREVA ESSA PALAVRA.

4. QUAL É O DEFEITO QUE O LOBO DIZ TER? RESPONDA ORALMENTE.

5. QUEM ATRAPALHOU A AMIZADE DO LOBO COM A CHAPEUZINHO VERMELHO? ESCREVA:

6. O LOBO DIZ QUE FOI A UM NUTRICIONISTA. O QUE ELE QUERIA? ELE CONSEGUIU? RESPONDA ORALMENTE.

7. MUITAS LETRAS DE CANÇÃO APRESENTAM PALAVRAS QUE RIMAM, OU SEJA, QUE TERMINAM COM SONS PARECIDOS. LIGUE AS PALAVRAS QUE RIMAM:

COMILÃO	CERTEZA
NATUREZA	PUDIM
PISAR	ALIMENTAÇÃO
RAPIDIM	VIRAR

8. EM QUAL DAS PALAVRAS ABAIXO A LETRA **R** TEM O MESMO SOM QUE TEM EM **BARRIGA**? CIRCULE A PALAVRA.

DEIXARAM VEGETARIANO ERRADO NATUREZA

9. SEPARE AS PALAVRAS DO PRIMEIRO VERSO DA CANÇÃO:

EUSOUUMLOBOSÓ

TROCANDO IDEIAS

OS CONTOS MARAVILHOSOS COSTUMAM APRESENTAR VÁRIAS VERSÕES. ISSO PORQUE SÃO HISTÓRIAS MUITO ANTIGAS, QUE ERAM PASSADAS DE GERAÇÃO EM GERAÇÃO POR MEIO DA CONTAÇÃO DE HISTÓRIAS.

1. VOCÊ CONHECE DIFERENTES VERSÕES DE ALGUM CONTO MARAVILHOSO? DE QUAL? E QUAIS SÃO AS PRINCIPAIS DIFERENÇAS?

   AGORA, LEIA A HISTÓRIA DIGITAL APRESENTADA NESTE *SITE*: https://www.euleioparaumacrianca.com.br/estante-digital/chapeuzinho-vermelho/.

2. VOCÊ ENCONTROU DIFERENÇAS ENTRE A HISTÓRIA LIDA E ESSA VERSÃO DIGITAL?

3. NESSA VERSÃO, HÁ A EXPLICAÇÃO SOBRE POR QUE CHAMAM A PERSONAGEM PRINCIPAL DE CHAPEUZINHO VERMELHO?

4. QUAIS DIFERENÇAS NA HISTÓRIA VOCÊ IDENTIFICOU?

5. QUAIS SONS VOCÊ ESCUTOU AO NAVEGAR PELA HISTÓRIA? COMO ESSES SONS FIZERAM VOCÊ SE SENTIR?

6. AS ILUSTRAÇÕES DA HISTÓRIA DIGITAL AJUDAM A ACOMPANHAR A HISTÓRIA?

7. DE QUAL VERSÃO VOCÊ GOSTOU MAIS? POR QUÊ?

Filipe Rocha/Arquivo da editora

REFLEXÃO SOBRE A LINGUAGEM

DE OLHO NA LEITURA E NA ESCRITA: LETRAS DE FÔRMA MAIÚSCULAS E MINÚSCULAS

VOCÊ JÁ REPAROU NOS TIPOS DE LETRA USADOS NOS LIVROS QUE VOCÊ LÊ?

OBSERVE A CAPA DE UM LIVRO E, COM O AUXÍLIO DO PROFESSOR E DOS COLEGAS, LEIA-A.

1. QUAL É O NOME DO LIVRO? ESCREVA:

2. QUAL COR É USADA NAS PALAVRAS QUE COMPÕEM O TÍTULO?

3 QUAL É O NOME DO AUTOR DO LIVRO? ELE ESTÁ ESCRITO COM QUAL COR?

4 QUAL É O NOME DA EDITORA?

5 COMPARE OS TIPOS DE LETRA:

1

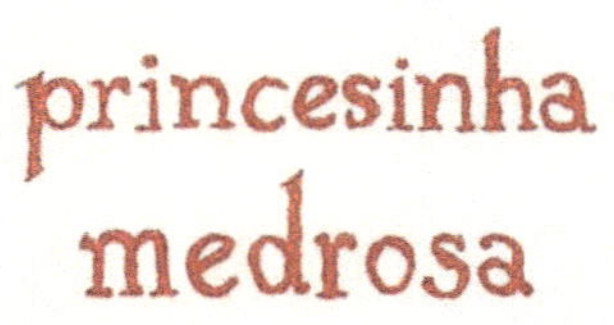

2

Fotos: Reprodução/ Jujuba Editora

A) QUAIS PALAVRAS ESTÃO ESCRITAS COM TODAS AS LETRAS MAIÚSCULAS? IDENTIFIQUE PELO NÚMERO.

B) QUAIS PALAVRAS ESTÃO ESCRITAS COM TODAS AS LETRAS MINÚSCULAS? IDENTIFIQUE PELO NÚMERO.

6 OBSERVE:

A princesinha medrosa

A) APENAS UMA PALAVRA ESTÁ ESCRITA COM LETRA MAIÚSCULA. QUAL? CIRCULE-A.

B) RESPONDA ORALMENTE. NA SUA OPINIÃO, POR QUE SOMENTE ESSA LETRA ESTÁ ESCRITA COM LETRA MAIÚSCULA?

A MAIORIA DOS TEXTOS PUBLICADOS APRESENTA ESSES DOIS TIPOS DE LETRA. POR ISSO, É IMPORTANTE QUE VOCÊ OS CONHEÇA.

Ilustrações: Ilustra Cartoon/Arquivo da editora

7 COM O AUXÍLIO DO PROFESSOR, LEIA O INÍCIO DO CONTO "O MÁGICO DE OZ":

Era uma vez uma menina chamada Doroti. Ela vivia numa fazenda com a tia Ema, tio Henrique e seu cãozinho chamado Totó. Ela passava o tempo todo brincando com ele. Um dia, houve uma ventania tão forte que a casa da fazenda foi levada pelos ares. Doroti e Totó, que estavam lá dentro, foram carregados para a terra de Oz.

Filipe Rocha/Arquivo da editora

(Disponível em: https://www.historiaparadormir.com.br/o-magico-de-oz/. Acesso em: 2/3/2021.)

A) CIRCULE DE VERMELHO O NOME DA MENINA.

B) PINTE O NOME DO CÃOZINHO DA MENINA.

C) COPIE O NOME DA TIA DA MENINA.

D) GRIFE DE AZUL TRÊS PALAVRAS QUE APRESENTAM A MESMA LETRA MAIÚSCULA.

E) GRIFE DE VERMELHO O NOME DO LUGAR PARA ONDE DOROTI E TOTÓ FORAM CARRREGADOS.

8 OBSERVE SUA RESPOSTA ÀS QUESTÕES DO EXERCÍCIO ANTERIOR E CONCLUA:

A) A LETRA INICIAL DE NOMES DE PESSOAS E OUTROS PERSONAGENS É MAIÚSCULA OU MINÚSCULA?

( ) MAIÚSCULA ( ) MINÚSCULA

B) A LETRA INICIAL DE PALAVRAS QUE INICIAM AS FRASES É MAIÚSCULA OU MINÚSCULA?

( ) MAIÚSCULA

( ) MINÚSCULA

C) A LETRA INICIAL DE NOMES DE PAÍSES, ESTADOS E CIDADES É MAIÚSCULA OU MINÚSCULA?

( ) MAIÚSCULA

( ) MINÚSCULA

9 COMPLETE O ALFABETO COM AS LETRAS MAIÚSCULAS QUE FALTAM:

A	_____	C	_____	E	F	_____
a	b	c	d	e	f	g
H	_____	J	K	L	_____	N
h	i	j	k	l	m	n
O	P	_____	R	S	_____	U
o	p	q	r	s	t	u
_____	W	_____	Y	Z		
v	w	x	y	z		

10 EM CASA, RECORTE PARES DE PALAVRAS QUE TENHAM LETRAS DE FÔRMA MAIÚSCULAS E MINÚSCULAS. DEPOIS, COLE AS PALAVRAS NO QUADRO ABAIXO E CIRCULE AS LETRAS MINÚSCULAS.

Ilustra Cartoon/Arquivo da editora

11 LEIA ESTA PÁGINA DE CALENDÁRIO COM A AJUDA DO PROFESSOR:

Ilustra Cartoon/Arquivo da editora

A) LIGUE OS DIAS DA SEMANA IGUAIS, MAS ESCRITOS EM LETRAS DE TIPOS DIFERENTES. SE NECESSÁRIO, CONSULTE O ALFABETO.

DOMINGO	quarta
SEGUNDA	segunda
TERÇA	domingo
QUARTA	sábado
QUINTA	terça
SEXTA	quinta
SÁBADO	sexta

B) DE QUAL MÊS É ESSA PÁGINA DE CALENDÁRIO? ESCREVA:

C) EM QUAL DIA DA SEMANA CAI O PRIMEIRO DIA DO ANO? ESCREVA:

D) EM QUAL DIA DA SEMANA CAI O ÚLTIMO DIA DO MÊS? ESCREVA:

E) NESSE CALENDÁRIO, QUANTOS DOMINGOS TEM JANEIRO? ESCREVA:

12 AGORA LEIA O CARTAZ DE UM MUSICAL:

A) QUE PALAVRAS FORAM ESCRITAS INTEIRAS COM LETRAS MAIÚSCULAS? COPIE UMA EM CADA ESPAÇO:

B) QUE PALAVRAS FORAM ESCRITAS APENAS COM A PRIMEIRA LETRA MAIÚSCULA?

( ) MINISTÉRIO ( ) CULTURA ( ) DE

( ) DA ( ) APRESENTA

C) QUE PALAVRAS FORAM ESCRITAS INTEIRAS COM LETRAS MINÚSCULAS?

D) UMA PALAVRA DO CARTAZ ESTÁ ESCRITA DE UMA MANEIRA DIFERENTE, COMO SE FOSSE UMA ASSINATURA PESSOAL OU UM AUTÓGRAFO, ESCRITO À MÃO. CIRCULE-A.

E) DE QUEM É ESSE NOME?

F) ASSINALE O NOME DO AUTOR APENAS COM A PRIMEIRA LETRA MAIÚSCULA.

( ) Ziraldo ( ) ZIRALDO

G) ESCREVA O SEU PRIMEIRO NOME COM LETRAS MAIÚSCULAS E MINÚSCULAS. LEMBRE-SE DE QUE A PRIMEIRA LETRA DE NOMES PRÓPRIOS É SEMPRE MAIÚSCULA.

H) ESCREVA O NOME DA CIDADE ONDE VOCÊ MORA USANDO LETRAS MAIÚSCULAS E MINÚSCULAS DE ACORDO COM AS REGRAS QUE VOCÊ ESTÁ ESTUDANDO.

BRINCANDO COM PALAVRAS

1 PARTICIPE DO JOGO **QUEM SOU EU?**. ACOMPANHE AS ORIENTAÇÕES QUE O PROFESSOR VAI LER:

- A TURMA DEVE SER DIVIDIDA EM GRUPOS DE 4 OU 5 ALUNOS.
- CADA ALUNO ESCOLHE UM PERSONAGEM DE CONTO MARAVILHOSO E ESCREVE SEU NOME EM UM PAPEL, SEM DEIXAR QUE OS OUTROS MEMBROS DO GRUPO VEJAM. LEMBRE-SE DE USAR CORRETAMENTE AS LETRAS MAIÚSCULAS E MINÚSCULAS AO ESCREVER O NOME.

- CADA UM COLA O PAPEL COM O NOME COM UM DUREX OU ADESIVO DE FÁCIL REMOÇÃO NA TESTA DO COLEGA AO LADO, SEM DEIXÁ-LO VER O QUE ESTÁ ESCRITO.

Jean Galvão/Arquivo da editora

- EM CADA RODADA, VOCÊ DEVE FAZER UMA PERGUNTA QUE PODE SER RESPONDIDA POR "SIM" OU "NÃO" PARA DESCOBRIR QUAL PERSONAGEM É VOCÊ. POR EXEMPLO:
  — EU FUI VISITAR A MINHA VOVOZINHA?
  — NÃO!
  — EU PERDI MEU SAPATINHO DE CRISTAL?
  — SIM!

2 LEIA A CANTIGA A SEGUIR COM A AJUDA DO PROFESSOR OU DOS COLEGAS. DEPOIS, CANTE-A COM TODA A TURMA.

O CRAVO BRIGOU COM A ROSA

O CRAVO BRIGOU COM A ROSA
DEBAIXO DE UMA SACADA
O CRAVO FICOU FERIDO
E A ROSA DESPEDAÇADA

O CRAVO FICOU DOENTE
A ROSA FOI VISITAR
O CRAVO TEVE UM DESMAIO
E A ROSA PÔS-SE A CHORAR

(Domínio público.)

Ilustra Cartoon/Arquivo da editora

3 COPIE A CANTIGA EM SEU CADERNO, EMPREGANDO LETRAS MAIÚSCULAS E MINÚSCULAS. NO INÍCIO DE CADA VERSO, USE A LETRA MAIÚSCULA.

4 NA CANTIGA, HÁ PALAVRAS QUE RIMAM. IDENTIFIQUE A PALAVRA QUE RIMA COM:

SACADA ______ VISITAR ______

5 LEIA AS ADIVINHAS, COM O AUXÍLIO DO PROFESSOR E DOS COLEGAS, E TENTE RESOLVÊ-LAS. DEPOIS, ESCREVA A RESPOSTA.

A) O QUE É VERDE, MAS NÃO É PLANTA; FALA, MAS NÃO É GENTE?

____

B) O QUE TODO O MUNDO SABE ABRIR, MAS NINGUÉM SABE FECHAR?

____

PRODUÇÃO DE TEXTO

O DIÁLOGO NO TEATRO DE FANTOCHES

NO FINAL DESTA UNIDADE, VOCÊ E OS COLEGAS VÃO PARTICIPAR DA ORGANIZAÇÃO E DO LANÇAMENTO DE UM LIVRO DE CONTOS MARAVILHOSOS E DE UM DIA DE CONTAÇÃO DE HISTÓRIAS NA ESCOLA.

PREPAREM UM RECONTO DE "CHAPEUZINHO VERMELHO" EM UM TEATRO DE FANTOCHES PARA APRESENTAR NO DIA DO EVENTO. VOCÊS TAMBÉM PODERÃO GRAVAR O DIÁLOGO DE FANTOCHES EM VÍDEO E DIVULGAR NA ESCOLA.

RECORTEM OS PERSONAGENS DO CONTO QUE ESTÃO NO FINAL DO LIVRO, NAS PÁGINAS 307 A 311. COM PALITOS DE MADEIRA (PARA SORVETE OU ESPETINHO), PRODUZAM OS FANTOCHES DA SEGUINTE MANEIRA:

1. SEPAREM OS MATERIAIS: PERSONAGENS RECORTADOS, PALITOS E COLA.
2. COLEM O PALITO NO VERSO DE UM PERSONAGEM.
3. COLEM O OUTRO DESENHO DO MESMO PERSONAGEM DO OUTRO LADO DO PALITO.
4. REPITAM OS MESMOS PASSOS COM TODOS OS PERSONAGENS.

PRONTINHO! VOCÊS JÁ TÊM OS PERSONAGENS DO TEATRO DE FANTOCHES.

Ilustrações: Giz de Cera/Arquivo da editora

PLANEJAMENTO DO TEXTO

VOCÊS VÃO RECONTAR A HISTÓRIA UTILIZANDO PRINCIPALMENTE OS DIÁLOGOS ENTRE OS PERSONAGENS E AS MOVIMENTAÇÕES DOS FANTOCHES. PARA ISSO:

- UM ALUNO CONTA O INÍCIO DA HISTÓRIA E OUTRO ALUNO A ENCERRA, FAZENDO O PAPEL DE NARRADOR.
- OS OUTROS ALUNOS SE DIVIDEM EM 4 GRUPOS:

  GRUPO 1 — INÍCIO DO CONTO (ATÉ O PARÁGRAFO 5): MÃE E CHAPEUZINHO.

  GRUPO 2 — (PARÁGRAFOS 6 A 14): CHAPEUZINHO E LOBO.

  GRUPO 3 — (PARÁGRAFOS 15 A 23): LOBO E VOVOZINHA.

  GRUPO 4 — (PARÁGRAFO 24 ATÉ O FINAL): LOBO E CHAPEUZINHO. ELIMINEM DO TRECHO OS PARÁGRAFOS QUE NÃO SÃO FALAS DOS PERSONAGENS.
- OS TRECHOS ELIMINADOS DEVEM SE TORNAR MOVIMENTAÇÕES DOS FANTOCHES E OUTROS RECURSOS SONOROS (COMO O BATER NA PORTA — VOCÊS PODEM BATER ALGUMAS VEZES EM UMA MESA).
- ENSAIEM O DIÁLOGO DE FANTOCHES.
- GRAVEM UM DOS ENSAIOS PARA REVÊ-LO DEPOIS.

Ilustrações: Giz de Cera/Arquivo da editora

REVISÃO E REESCRITA

DEPOIS DE ENSAIAR ALGUMAS VEZES, ASSISTAM AO ENSAIO GRAVADO, OBSERVANDO:

- O CONTO É FACILMENTE RECONHECIDO POR QUEM ASSISTE?
- OS TRECHOS ELIMINADOS NÃO ESTÃO FAZENDO FALTA PARA ENTENDER O DIÁLOGO ENTRE OS PERSONAGENS E O QUE ACONTECE NA HISTÓRIA?
- OS PERSONAGENS NÃO FALAM AO MESMO TEMPO E UMA FALA NÃO ATRAPALHA A OUTRA?
- AS FALAS ESTÃO BEM CLARAS, COM UM VOLUME ADEQUADO, TODOS CONSEGUEM OUVIR BEM E COMPREENDER O QUE É DITO?
- A MOVIMENTAÇÃO DOS FANTOCHES ESTÁ DE ACORDO COM O TRECHO REPRESENTADO?

DEPOIS, GRAVEM A VERSÃO FINAL DO TEATRO PARA EXIBIR O VÍDEO NO DIA DE CONTAÇÃO DE HISTÓRIAS NA ESCOLA OU AGUARDEM O DIA PARA ENCENÁ-LO NOVAMENTE.

DIVIRTA-SE

(Disponível em: https://www1.folha.uol.com.br/ilustrada/cartum/cartunsdiarios/#23/7/2020. Acesso em: 22/2/2021.)

CAPÍTULO 3

O GATO, O RATO E O REI

LEITURA

Você já ouviu falar de um personagem chamado Gato de Botas? O que você sabe sobre esse personagem? Conte aos colegas.

Agora, acompanhe a leitura que o professor vai fazer do conto a seguir.

TEXTO 1

O gato de botas

Há muito tempo, um velho moleiro morreu deixando aos três filhos todos os seus bens, que não eram muitos.

Ao mais velho, deixou o moinho. Ao filho do meio, um velho burro, e ao caçula, um gato.

O mais velho e o do meio se uniram e, juntos, conseguiram ganhar seu sustento. O mais velho moía o trigo e o do meio, com o burro, transportava os sacos de farinha e vendia no mercado.

Filipe Rocha/Arquivo da editora

Quanto ao mais novo, o que poderia fazer com um gato?

Estava o jovem lamentando sua má sorte, quando o gato lhe disse:

— Acredite, meu amo. Serei mais útil que o moinho e o velho burro. Dê-me suas botas e um saco para eu provar o que digo.

Filipe Rocha/Arquivo da editora

O rapaz achou que não tinha mais nada a perder, por isso tirou as botas e deu ao gato, juntamente com um saco.

Sem perder tempo, o gato calçou as botas, colocou o saco ao ombro e foi caçar.

Pouco depois, já tinha capturado duas belas lebres. Colocou-as no saco, foi até o palácio do rei e disse a ele:

— Majestade! Meu amo, o marquês de Carabás, envia estas belas lebres e manda que eu lhe ofereça seus préstimos.

O monarca, que adorava presentes, como todos sabiam, ficou muito satisfeito e mandou seus cumprimentos, enquanto perguntava a si mesmo quem seria aquele marquês de Carabás, de quem nunca ouvira falar.

Dias depois, o gato apareceu no palácio levando duas perdizes dignas de um rei e disse:

— Majestade, mais uma vez meu amo, o marquês de Carabás, pede que aceite este pequeno presente como prova de sua admiração e lealdade.

O rei estava encantado com os presentes que recebia, e também com as palavras bajuladoras do gato. Por esta razão, recomendou a ele que agradecesse ao seu amo, a quem gostaria de conhecer pessoalmente.

O gato saiu do palácio encantado, pois seu plano estava correndo às mil maravilhas.

Passados alguns dias, o gato convenceu o rapaz a se despir e entrar no rio.

— Não estou entendendo nada — disse o jovem, que cada vez estranhava mais as coisas que o gato pedia. — Por que você quer que eu entre no rio? Estou tão sujo assim?

Filipe Rocha/Arquivo da editora

— Nada disso, meu amo. Todas as manhãs, a esta hora, o rei passa por aqui com sua filha na carruagem real — explicou o esperto felino.

— Que horror! Então me dê minhas roupas imediatamente! Que vergonha! — exclamou o filho mais novo do moleiro.

Sem ligar para o que ele dizia, o gato jogou suas roupas velhas bem longe dali e se escondeu perto da estrada. Quando viu que a carruagem real se aproximava, começou a gritar:

— Socorro! Os ladrões roubaram as roupas de meu amo, o marquês de Carabás!

O rei mandou trazer do palácio um luxuoso traje e convidou o marquês de Carabás para almoçar com ele e sua filha, que havia se apaixonado pelo jovem assim que o viu. O gato se despediu deles, dizendo que precisava ir ao castelo de seu amo para ter certeza de que estava tudo pronto para o jantar, para o qual o rei e a princesa estavam convidados.

Enquanto isso, o gato foi até o castelo de um ogro muito rico, no reino vizinho. Este ogro podia se transformar no animal que quisesse.

Depois de fazer todo tipo de reverências, o gato, muito astuto, perguntou ao ogro se era capaz de se transformar num ser pequenino como um rato. O ogro, que era muito vaidoso, aceitou sem hesitar. O gato aproveitou a oportunidade e o devorou.

Depois, encarregou os criados do castelo de prepararem um delicioso jantar e foi até o palácio do rei, para indicar-lhes o caminho.

E então, como todos podem imaginar, o marquês de Carabás pediu a mão da princesa em casamento e o rei concordou, encantado.

(Ana Serna Vara. *Contos de 5 minutos*. Tradução de Maria Luisa de Abreu Lima Paz. Barueri, SP: Girassol, 2012. p. 112-116.)

Ilustrações: Filipe Rocha/Arquivo da editora

1. Com qual expressão o conto é iniciado?

   ◯ Era uma vez

   ◯ Há muito tempo

2. O velho moleiro morreu.

   a) O que você acha que é um **moleiro**?

      ◯ É o dono de um moinho ou um indivíduo que trabalha em um moinho.

      ◯ É uma pessoa mole, preguiçosa.

   b) O que o filho mais velho ganhou como herança?

   ____

   c) E o filho do meio?

   ____

   d) E o filho mais novo?

   ____

Responda oralmente às questões 3 a 5.

3. Por que o filho mais novo se lamenta do que recebeu?

4. O gato faz uma promessa a seu dono.

   a) O que ele promete?

   b) O que ele pede ao seu dono?

   c) O gato cumpre o que promete?

5 O gato inventa que seu dono é o marquês de Carabás. Leia, com a ajuda do professor, o que é um **marquês**:

Pessoa de poder e dinheiro, com posse de terras e título de nobreza.

Agora, responda oralmente: Por que o gato inventou essa história?

6 Releia esta fala do gato:

"— Acredite, meu amo. Serei mais útil que o moinho e o velho burro."

O que significa **amo**? Circule as palavras ou expressões que sejam **sinônimas**, ou seja, aquelas que podem substituir a palavra **amo**.

patrão	amigo	parceiro
dono da casa	colega	senhor

7 Leia outras palavras usadas no texto. Depois, escolha, entre as palavras guardadas no saco do Gato de Botas, aquelas que poderiam substituir cada uma delas.

velho	rapaz
belas	**astuto**

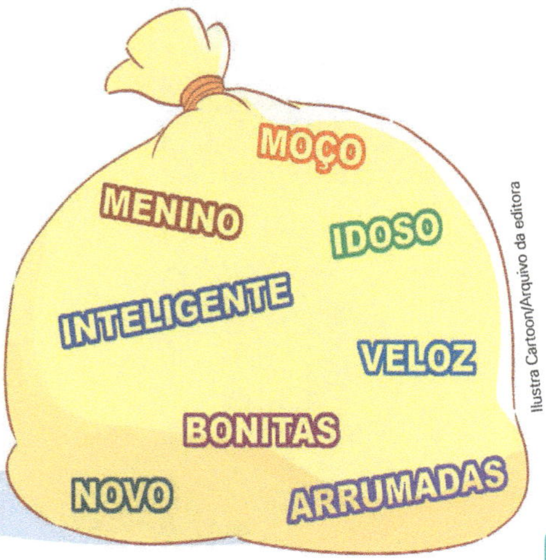

Ilustra Cartoon/Arquivo da editora

8 Associe as palavras usadas no texto com seus **antônimos**, ou seja, com palavras com sentido contrário, oposto.

pequeno	pouco
sujo	grande
rico	limpo
muito	pobre

9 Como podemos caracterizar os personagens do conto? Ligue o personagem a sua característica.

astuto, inteligente e enganador

rico e muito vaidoso

gosta de elogios e presentes

Ilustrações: Filipe Rocha/Arquivo da editora

10 O rei estava encantado com os presentes que o gato mandava em nome do marquês de Carabás e também com suas "palavras bajuladoras". Assinale o que são **palavras bajuladoras**.

- ◯ Elogios exagerados para agradar alguém.
- ◯ Elogios sinceros para tornar a pessoa feliz.

Responda oralmente às questões 11 e 12.

11 Os contos maravilhosos apresentam um elemento mágico, ou seja, algo de fantástico, que não acontece na vida real. O que aconteceu de mágico no conto "O gato de botas"?

12 O final do conto é um final feliz ou um final triste? Por quê?

Leia esta tira, com a ajuda do professor ou de outro adulto:

TEXTO 2

(Jim Davis. *Folha de S.Paulo*, 21/7/2008. Ilustrada, p. E7.)

1 Qual é o animal retratado no primeiro quadrinho? Escreva.

____

2 O animal é grande ou pequeno?

◯ Grande ◯ Pequeno

3 Qual é a semelhança entre a tira e o conto "O gato de botas"? Responda oralmente.

4 Ligue as figuras aos nomes:

Gato

Rei

Princesa

Moinho

Ogro

Ilustrações: Filipe Rocha/Arquivo da editora

5 O Gato de Botas foi passear e encontrou outros animais. Descubra quem são trocando apenas uma letra da palavra **GATO**. Siga as dicas!

Filipe Rocha/Arquivo da editora

Filipe Rocha/Arquivo da editora

6 Complete as palavras com as sílabas que faltam:

FOR________GA

________TELO

PRIN________SA

CA________MEN________

DE OLHO NA ORALIDADE: DEBATENDO A MENTIRA

O Gato de Botas, para mostrar que era útil, que tinha valor e também para ajudar seu dono a ganhar dinheiro e conseguir seu sustento, engana algumas pessoas e mente. O personagem é muitas vezes considerado inteligente, criativo e ágil, mas também é visto como enganador e mentiroso. Até onde vale a pena agir para ajudar um amigo ou para salvar a própria pele? Discuta com os colegas estas questões:

1. O Gato de Botas inventou que seu dono era um marquês. Você acha correto mentir para conseguir o que deseja, mesmo para ajudar alguém?

2. O dono do Gato de Botas estava muito preocupado em como iria sobreviver, ganhar seu sustento. Ele não revelou as mentiras do gato e se casou com a princesa. Você concorda com essa atitude? O que ele poderia ter feito?

3. Você já sentiu vontade de contar uma mentira para conseguir algo? Ou você já descobriu a mentira de alguém? Como você se sentiu nessa situação?

Para que o debate seja proveitoso, siga estas instruções:

- Se você deseja falar, levante o braço.
- O professor vai lhe dar a palavra quando chegar a sua vez.
- Fale alto, para que todos possam ouvir, mas sem gritar.
- Ouça o que o colega está falando, para você não repetir o que ele disse.
- Respeite a opinião dos colegas, pois nem todos precisam pensar igual.
- Discutir ideias diferentes não significa brigar.
- Use expressões como **Eu acho que...**, **Eu concordo com ele porque...**, **Eu discordo dele porque...**.

Jean Galvão/Arquivo da editora

REFLEXÃO SOBRE A LINGUAGEM

DE OLHO NA LEITURA E NA ESCRITA: A LETRA CURSIVA

Você conhece a Julieta, personagem criada por Ziraldo? Ela faz parte da turma do Menino Maluquinho. Julieta escreve um diário, que se chama *Diário da Julieta*. Com o auxílio do professor e dos colegas, leia uma página desse diário:

(Ziraldo. *Diário da Julieta*. São Paulo: Globo, 2010. v. 2, p. 26.)

1 Pela página, sabemos que Julieta saiu com a mãe.

a) Aonde elas foram?

____

b) O que elas foram fazer nesse lugar?

____

____

2 Julieta cola um guardanapo na página de seu diário.

a) Onde ela pegou o guardanapo?

____

b) Qual é o nome da sorveteria?

◯ Geladinho

◯ Cone Polar

◯ Cone Sul

3 Julieta diz: "Minha mãe ficou tão preocupada em me ajeitar, que deu nisso". Responda oralmente: O que a menina quis dizer com a palavra **nisso**?

4 Julieta conta em seu diário que ela e a mãe fizeram compras:

"Esta etiqueta é de uma sandália linda e cara que comprei... Digo, que minha mãe comprou."

a) O que foi comprado?

____

b) De quem era a sandália?

____

c) Por que Julieta se corrige?

____

d) Que tamanho Julieta calça?

____

5 Na página do diário de Julieta, há diferentes tipos de letra. Quando escreve, a menina prefere usar a **letra cursiva**, mais comum quando escrevemos à mão. Os textos que ela cola no diário apresentam **letras de fôrma**, também chamadas de **letras de imprensa**, pois são digitados e impressos.

a) Faça um X no texto em que há só letras de fôrma maiúsculas.

b) Circule o texto em que há letras de fôrma maiúsculas e minúsculas.

6 Veja como é o alfabeto em letras cursivas maiúsculas e minúsculas:

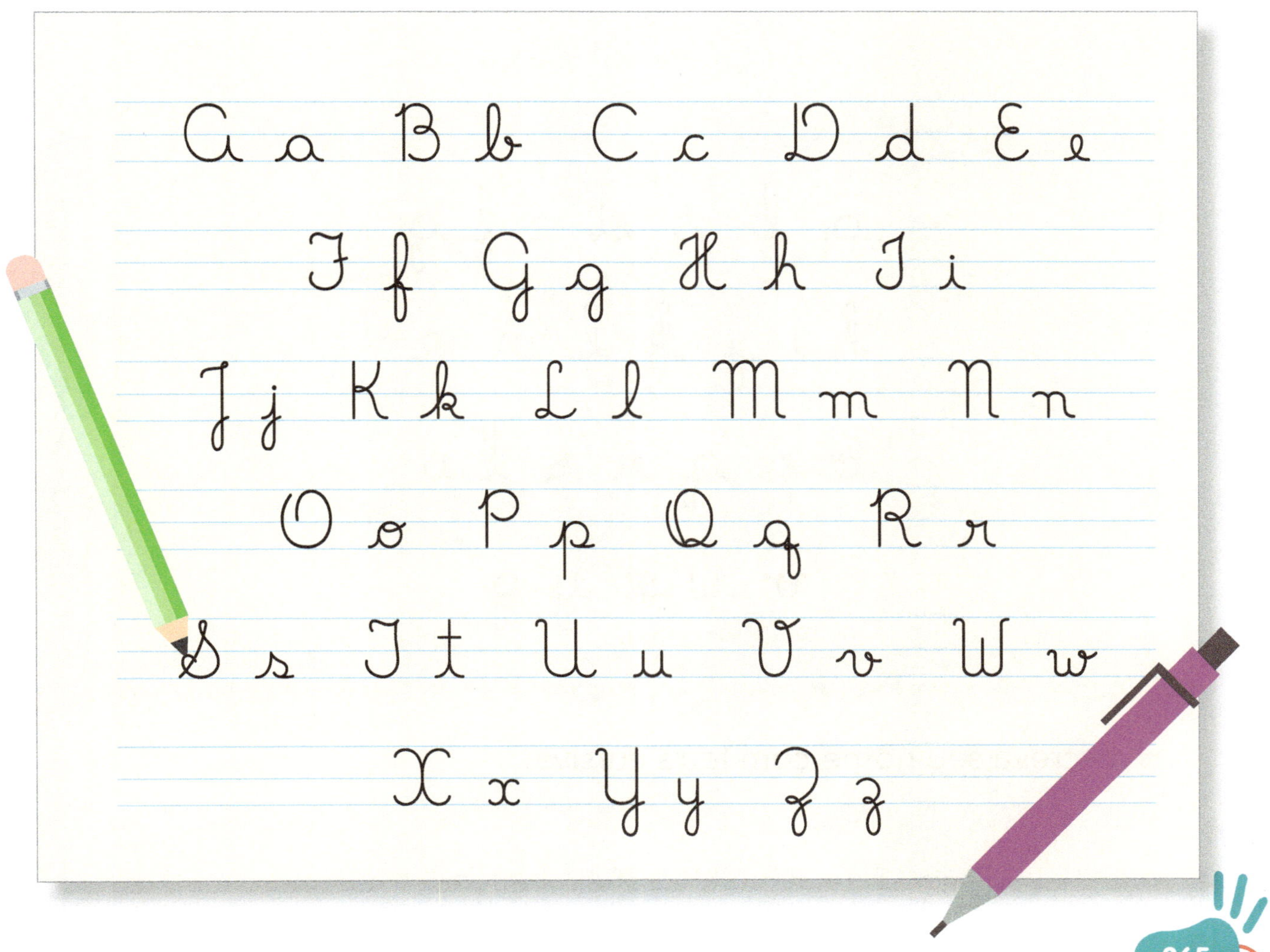

Observe as setas e veja como se faz o traçado das letras manuscritas:

Letras maiúsculas

Letras minúsculas

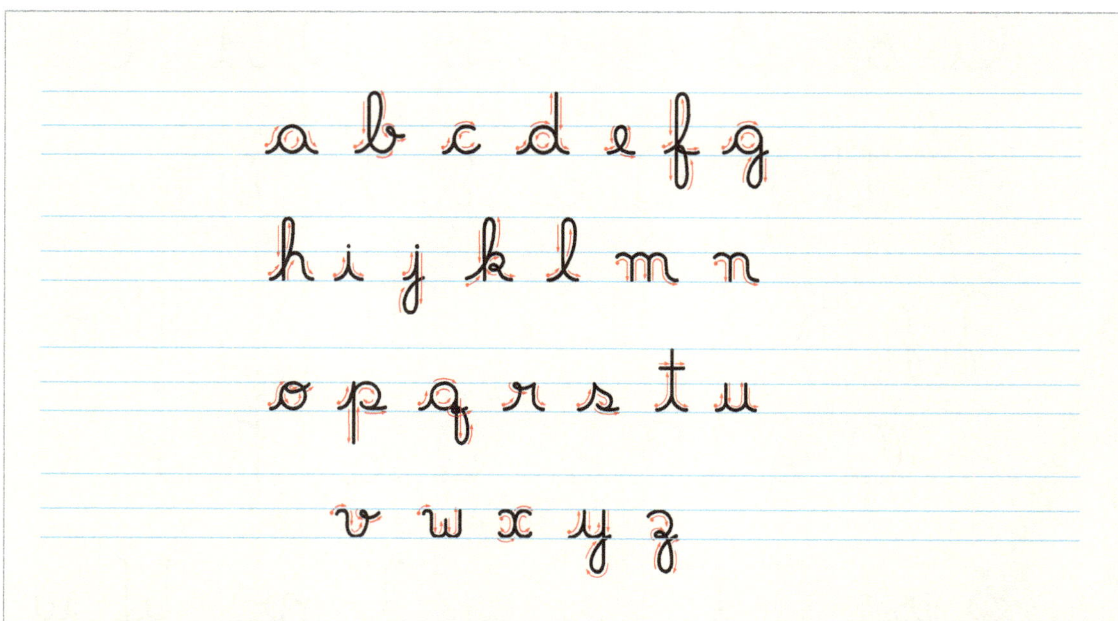

Escreva seu nome com letra cursiva:

7 Marque as palavras que correspondem a cada figura.

Ilustrações: Ilustra Cartoon/Arquivo da editora

◯ Roi	◯ fornalha	◯ RATO
◯ RIO	◯ FORMIGA	◯ FATO
◯ rio	◯ formiga	◯ rato
◯ *raio*	◯ *forquilha*	◯ *rato*
◯ *rio*	◯ *formiga*	◯ *pato*

Em uma das versões do conto "O gato de botas", o gato envia um convite por escrito ao rei, convidando-o para um jantar, com sua filha, no castelo de seu dono. Imagine que o gato tenha escrito o seguinte convite ao rei.

> Majestade,
>
> Meu amo, o marquês de Carabás, convida vossa majestade e a princesa para um jantar em seu castelo, nesta noite.
>
> Gato de Botas.

8 Copie o convite em seu caderno, empregando letra cursiva, maiúscula e minúscula.

9 Complete as frases a seguir usando letra cursiva. Se necessário, consulte, na página 266, o alfabeto em letras cursivas maiúsculas e minúsculas.

a) O convite foi escrito pelo ____________________.

b) O convite é para o ____________________.

c) No convite, o ____________________ de Carabás convida o rei e a ____________________ para um ____________________.

10 Ligue as palavras iguais, mas escritas em letra de fôrma e em letra cursiva, como no exemplo.

Majestade	Rainha
Conto maravilhoso	Príncipe
História	Majestade
Rainha	Conto maravilhoso
Príncipe	História

11 Quando escrevemos com letras cursivas, juntamos as letras, mas não as palavras.

a) Reescreva a primeira expressão do conto "O gato de botas" com letras cursivas, separando as palavras corretamente:

Hámuitotempo

____

b) Agora, reescreva a expressão que é muito comum no início dos contos maravilhosos:

Eraumavez

____

Você viu que algumas palavras têm sentido semelhante. Chamamos de **sinônimos** as palavras de significado parecido. Outras têm sentido contrário, oposto, e são chamadas de **antônimos**.

12 Leia as palavras abaixo e escreva, sempre em letras cursivas, o antônimo de:

PERTO: ______________________

alto: ______________________

gordo: ______________________

Forte: ______________________

seco: ______________________

QUENTE: ______________________

13 Escolha, no quadro de palavras, os sinônimos das palavras abaixo e escreva-os com letra cursiva.

falante	alegre	legal	triste
gostar	raiva	odiar	ensolarado
nublado	feio	bonito	arrumado

FÚRIA: ______________________

Nebuloso: ______________________

Contente: ______________________

amar: ______________________

belo: ______________________

BRINCANDO COM PALAVRAS

1. O que será que Rosa disse para a amiga Ciça no bilhete? Tente desvendar o enigma com o auxílio do código que ela usou.

Ilustrações: mhatzapa/Shutterstock

2 Leia o poema a seguir com a ajuda do professor e dos colegas. Depois, complete os versos com as palavras do quadro, escolhendo aquelas que rimam.

MÃO	CABEÇA	FALO	ENSINO	GRANDE
PEQUENA	PEQUENINO	PÃO	SÃO	QUEREM

Fantoche

Não tenho pés
pra pôr no chão.
Corpo, se tenho,
é sua ____________.

A minha voz
é a do menino:
o que ele pensa,
é o que eu ____________.

Coisas que faça,
nem imagino:
meu mundo é um palco
tão ____________!

Nele é que vivo
de papelão
(mas as crianças
são o que ____________).

Filipe Rocha/Arquivo da editora

(Maria da Graça Rios. *In*: *Chuva choveu*. 2. ed. Belo Horizonte: Miguilim, 1991, p. 32.)

3 O poema é uma charada. A resposta é o título do poema. Descubra de quem o poema está falando e escreva o nome na linha que está acima do poema.

4 Leia a cantiga a seguir com a ajuda do professor e dos colegas. Depois, cante-a com toda a turma.

Pirulito

Pirulito que bate, bate
Pirulito que já bateu
Quem gosta de mim é ela
Quem gosta dela sou eu.

(Da tradição popular.)

a) Veja como uma criança escreveu o primeiro verso da cantiga:

Pirulitoquebatebate

Reescreva o verso com letra cursiva, separando as palavras corretamente.

b) Que palavras você consegue formar substituindo a letra **b** da palavra **bate** por outras letras?

____

5 Jogo dos sinônimos e antônimos

Jean Galvão/Arquivo da editora

Sente-se no chão com os colegas, formando um círculo. No meio da roda, o professor coloca uma garrafa de plástico e, na primeira rodada, gira a garrafa. Quando a garrafa parar, o jogador para quem o gargalo apontar deve tirar uma palavra de um saco cheio de palavras que o professor irá segurar. O jogador lê a palavra com a ajuda do professor. No quadro, o jogador deve circular o antônimo ou grifar o sinônimo da palavra lida. Depois, gira a garrafa, para o próximo jogador participar, até todos brincarem!

6 Desafio

Você sabia que existe uma arte em desenhar letras à mão, combinando tipos de letra, cores e tamanhos? E há pessoas que trabalham desenhando essas letras, os calígrafos. Leia os versos ilustrados do poema a seguir.

a) Quais palavras estão escritas com letras cursivas?

____

b) Quais palavras estão escritas com letras de fôrma, todas maiúsculas?

____

c) Em quais palavras há uma mistura de letras de fôrma maiúsculas e minúsculas?

____

d) Quais palavras estão escritas apenas com letras de fôrma minúsculas?

____

e) Você é sapeca? Responda às perguntas sobre você e descubra palavras com sentidos parecidos e com sentidos opostos:

PRODUÇÃO DE TEXTO

CONTINUAÇÃO DE CONTO MARAVILHOSO

Em grupo, deem continuidade ao conto "O gato de botas".

PLANEJAMENTO DO TEXTO

- Imaginem o que aconteceu depois que o dono do gato se casou com a princesa:
  – A princesa descobriu que seu marido não era rico e poderoso?
  – O gato de botas inventou novas histórias para ajudar seu amo?
  – A história vai ter um final feliz ou um final triste?
- Usem uma linguagem caprichada, parecida com a dos contadores de histórias.
- Se quiserem, deem nome aos personagens, como a princesa e o rei.
- Inventem um título para a história.

REVISÃO E REESCRITA

Depois de terminar o texto, releiam o que escreveram, observando:

- Os fatos estão em uma sequência lógica?
- O tempo e o lugar em que acontece a história estão identificados ou são indicados de maneira vaga, imprecisa?
- A linguagem está parecida com a que é usada nos contos?

Façam as alterações necessárias, passem o texto a limpo e ilustrem-no.

Guardem o texto para compor o livro que a turma irá organizar e lançar no final desta unidade.

DIVIRTA-SE

Teatro de sombras

Que tal brincar de teatro de sombras? É fácil.

1. Pendure um lençol na parede ou use uma parede branca, sem nada pendurado, para servir de tela.
2. Coloque um abajur aceso sobre uma mesa, a seis passos de distância da tela.
3. Com as mãos na frente da luz, projete na tela as figuras abaixo.

borboleta

ganso

lebre

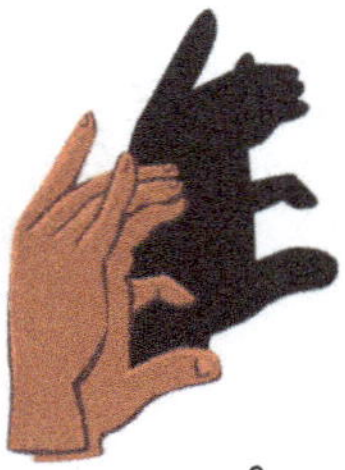
esquilo

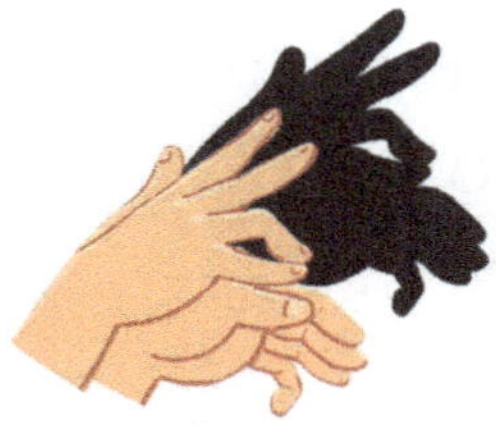
cabra

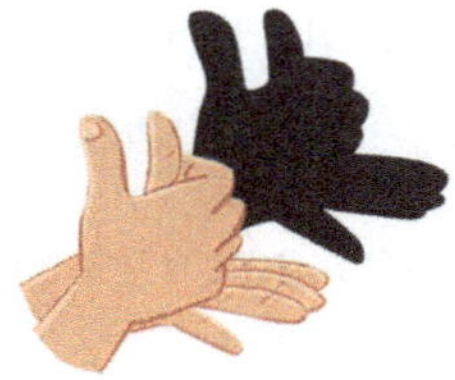
cão

Roberto Weigand/Arquivo da editora

OFICINA DE CRIAÇÃO

PROJETO: UM DIA DE HISTÓRIAS

Participe com os colegas do projeto **Um dia de histórias**. Vocês vão organizar e lançar um livro de contos, inventados por vocês e por outros autores. Também vão exibir o teatro de fantoches e participar de um dia de contação de histórias. Convide sua família e seus amigos para o evento.

1. Reunindo os textos e planejando o livro da turma

Retomem as histórias lidas e escritas ao longo da unidade.

Reúnam os textos da turma. Decidam se o livro será manuscrito ou impresso. Se for manuscrito:

- Passem a limpo os textos escritos por vocês em folhas de mesmo tamanho. Lembrem-se de assinar o texto.
- Juntem as folhas com as histórias.
- Vocês podem fazer cópias de histórias de outros autores para também compor o livro da turma.
- Ilustrem alguns contos.
- Retomem a capa produzida por vocês no capítulo 1. Coloquem a capa e grampeiem. Se tiverem dificuldade, peçam ajuda a um adulto.
- Tirem cópias do livro.

Se decidirem imprimir o livro:

- Digitem os textos escritos por vocês. Lembrem-se de assinar o texto.
- Digitem textos de outros autores que vocês queiram publicar no livro.
- Selecionem imagens para ilustrar alguns contos.
- Imprimam várias cópias.
- Façam cópias da capa.
- Coloquem a capa produzida no capítulo 1 e grampeiem.

Roberto Weigand/Arquivo da editora

No dia da mostra, exponham o livro em uma mesa. Depois que todos tiverem curtido bastante as histórias, vocês podem dar uma cópia do livro de presente à biblioteca ou a uma pessoa querida. Se quiserem, podem até fazer uma dedicatória!

2. Organização do espaço e convite às famílias

Com a ajuda do professor, organizem a sala de aula ou um espaço na escola para o dia de lançamento do livro e para a contação de histórias.

Vocês podem fazer desenhos relacionados aos contos maravilhosos para decorar o ambiente. Disponham livros de contos maravilhosos pela sala.

Separem um espaço para expor o livro e planejem onde será exibido o teatro de fantoches.

Produzam, coletivamente, um convite às famílias. Para isso, definam local, data e horário do evento.

Ilustrações: Roberto Weigand/Arquivo da editora

3. Teatro de fantoches

Preparem a exibição do vídeo com a gravação do teatro de fantoches, produzido no capítulo 2, ou ensaiem novamente para encená-lo no dia do evento.

Anne Richard/Shutterstock

4. Reconto de contos maravilhosos

Selecionem um conto para fazer o reconto oral no dia do evento. Convidem seus familiares a também recontar suas histórias preferidas para toda a turma!

Roberto Weigand/Arquivo da editora

BIBLIOGRAFIA

- BAGNO, Marcos. *Nada na língua é por acaso*: por uma pedagogia da variação linguística. São Paulo: Parábola, 2007.
- BAGNO, Marcos. *Preconceito linguístico*. 2. ed. São Paulo: Loyola, 1999.
- BAKHTIN, Mikhail. *Marxismo e filosofia da linguagem*. São Paulo: Hucitec, 1979.
- BAKHTIN, Mikhail. Os gêneros do discurso. *In*: BAKHTIN, Mikhail. *Estética da criação verbal*. 2. ed. São Paulo: Martins Fontes, 1997.
- BATISTA, Antônio Augusto G. *Aula de português*. São Paulo: Martins Fontes, 2001.
- BECHARA, Evanildo. *Moderna gramática portuguesa*. 37. ed. Rio de Janeiro: Lucerna, 2004.
- BRAIT, Beth (org.). *Bakhtin*: conceitos-chave. São Paulo: Contexto, 2005.
- BRANDÃO, Helena Nagamine (org.). *Gêneros do discurso na escola*. São Paulo: Cortez, 2000. v. 5.
- BRASIL. Secretaria de Educação Fundamental. *Parâmetros Curriculares Nacionais*: língua portuguesa. Brasília, DF: MEC/SEF, 1997.
- BRONCKART, Jean-Paul. *Atividade de linguagem, textos e discursos*. São Paulo: Educ, 1999.
- BUNZEN, Clecio; MENDONÇA, Márcia (org.). *Português no Ensino Médio e formação do professor*. São Paulo: Parábola, 2006.
- COSCARELLI, Carla V. (org.). *Tecnologias para aprender*. São Paulo: Parábola, 2016.
- DIONISIO, Angela P.; MACHADO, Anna R.; BEZERRA, Maria A. *Gêneros textuais & Ensino*. Rio de Janeiro: Lucerna, 2002.
- FÁVERO, Leonor; KOCH, Ingedore. *Linguística textual*. 2. ed. São Paulo: Cortez, 1988.
- ILARI, Rodolfo. *Introdução à semântica*: brincando com a gramática. São Paulo: Contexto, 2001.
- ILARI, Rodolfo. *Introdução ao estudo do léxico*: brincando com as palavras. São Paulo: Contexto, 2002.
- ILARI, Rodolfo; GERALDI, J. W. *Semântica*. 3. ed. São Paulo: Ática, 1987.
- ILARI, Rodolfo; BASSO, Renato. *O português da gente*: a língua que estudamos, a língua que falamos. São Paulo: Contexto, 2006.
- KLEIMAN, Angela B.; MORAES, Silvia E. *Leitura e interdisciplinaridade*. Campinas: Mercado de Letras, 1999.
- KLEIMAN, Angela B.; SEPULVEDA, C. *Oficina de gramática*: metalinguagem para principiantes. Campinas: Pontes, 2012.
- KOCH, Ingedore Villaça. *O texto e a construção dos sentidos*. 9. ed. São Paulo: Contexto, 2008.
- KOCH, Ingedore Villaça; TRAVAGLIA, Luiz C. *A coerência textual*. São Paulo: Contexto, 1991.
- KOCH, Ingedore Villaça; TRAVAGLIA, Luiz C. *Texto e coerência*. 4. ed. São Paulo: Cortez, 1995.
- MAINGUENAU. *Análise de textos de comunicação*. São Paulo: Cortez, 2001.
- MARCUSCHI, Luiz Antônio; XAVIER, Antônio Carlos. *Hipertexto e gêneros digitais*: novas formas de construção do sentido. Rio de Janeiro: Lucerna, 2004.
- MORAIS, Artur Gomes de. *Ortografia*: ensinar e aprender. 4. ed. São Paulo: Ática, 2003.
- NEVES, Maria Helena Moura. *Gramática de usos do português*. São Paulo: Ed. da Unesp, 2000.
- NEVES, Maria Helena Moura. *Guia de uso do português*: confrontando regras e usos. São Paulo: Ed. da Unesp, 2003.
- PERINI, Mário. *A gramática descritiva do português*. 2. ed. São Paulo: Ática, 1996.
- PERRENOUD, Philippe. *Construir as competências desde a escola*. Porto Alegre: Artmed, 1999.
- ROJO, Roxane (org.). *A prática de linguagem em sala de aula*: praticando os PCNs. São Paulo: Educ; Campinas: Mercado de Letras, 2000.
- SCHNEUWLY, Bernard; DOLZ, Joaquim. *Gêneros orais e escritos na escola*. Tradução de Roxane Rojo e Glaís Sales Cordeiro. Campinas: Mercado de Letras, 2004.
- SOLÉ, Isabel. *Estratégias de leitura*. 6. ed. Porto Alegre: Artmed, 1998.
- TRAVAGLIA, Luiz Carlos. *Gramática*: ensino plural. São Paulo: Cortez, 2003.
- TRAVAGLIA, Luiz Carlos. *Gramática e interação*: uma proposta para o ensino de gramática no 1º e 2º graus. São Paulo: Cortez, 1996.
- VYGOTSKY, L. S. *Pensamento e linguagem*. São Paulo: Martins Fontes, 1993.

NOME:

DOBRE

DOBRE

DOBRE

Giz de Cera/Arquivo da editora

NOME:

NOME:

NOME:

NOME:

NOME:

NOME:

NOME:

Ilustrações: Ilustra Cartoon/Arquivo da editora

NOME:

NOME:

NOME:

NOME:

NOME:

NOME:

NOME:

Ilustrações: Ilustra Cartoon/Arquivo da editora

A	B	C
D	E	F
G	H	I
J	L	M
N	O	P

A A A

A A A

A A A

E E E

E E E

Q	R	S
T	U	V
X	Z	X
V	U	T
S	R	Q

E E E

I I I

I I I

I I I

O O O

P	O	N
M	L	J
I	H	G
F	E	D
C	B	A

O O O

O O O

U U U

U U U

K W Y

A
B
C
D
E
F
G
H
I
J
K
L
M
N
O
P
Q
R
S
T
U
V
W
X
Y
Z
Ilustra Cartoon/Arquivo da editora

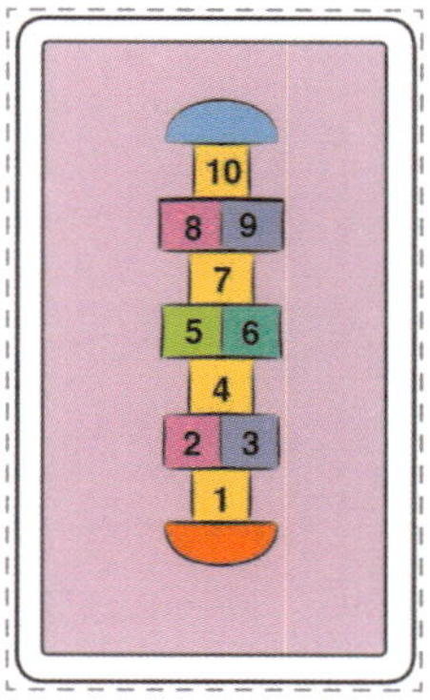

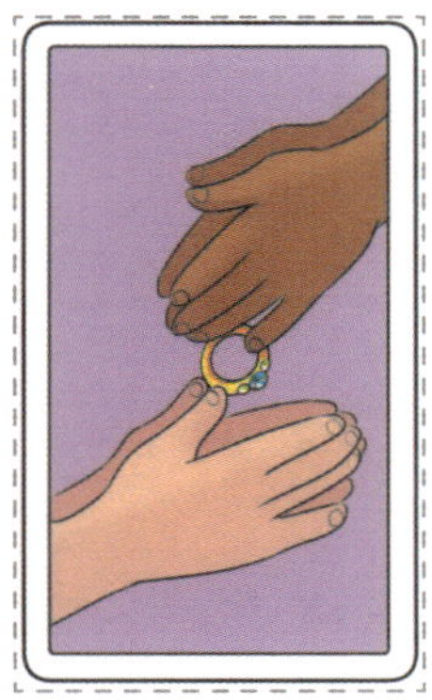

Ilustrações: Ilustra Cartoon/Arquivo da editora

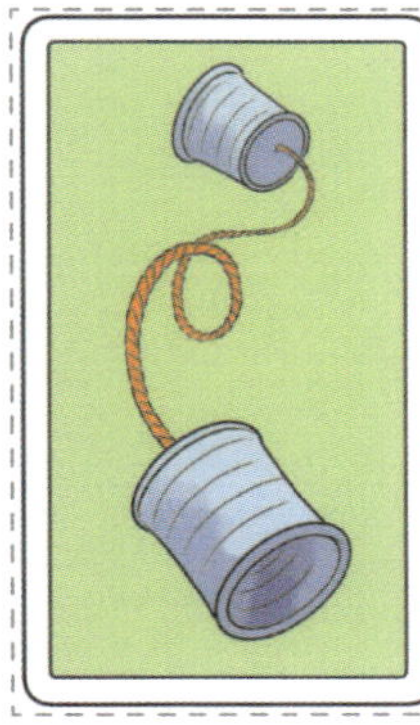

Ilustrações: Ilustra Cartoon/Arquivo da editora

BIBLIOTECA MANUEL BANDEIRA

BMB

FOTO

FICHA PESSOAL

BIBLIOTECA DA TURMA DO 1º ANO: ______ DA ESCOLA:

______

NOME: ______

DATA DE NASCIMENTO: ______

NATURALIDADE: ______

ENDEREÇO: ______ Nº: ______

CIDADE: ______

TELEFONE: ______

NOME DO PAI: ______

NOME DA MÃE: ______

LIVROS EMPRESTADOS

NOME DO LIVRO	DATA
	/ /
	/ /
	/ /
	/ /
	/ /
	/ /
	/ /
	/ /
	/ /
	/ /
	/ /
	/ /
	/ /
	/ /
	/ /

B	I	N	G	O
1	A	11	15	18
2	7	B	14	20
D	10		16	P
5	9	13	C	19

B	I	N	G	O
3	A	12	D	20
1	7	B	16	18
2	11		C	P
5	8	13	15	17

Hélio Senatore/Arquivo da editora

B	I	N	G	O
3	A	13	C	18
2	7	11	16	17
D	8		14	P
5	9	12	B	19

B	I	N	G	O
3	A	13	15	20
2	6	B	16	17
4	7		C	P
5	10	D	14	19

Hélio Senatore/Arquivo da editora

UNIDADE 2

TELEFONES E ANIVERSÁRIOS

____

NOME

NOME	DATA DO ANIVERSÁRIO	TELEFONE

Ilustrações: Ilustra Cartoon/Arquivo da editora

NOME	DATA DO ANIVERSÁRIO	TELEFONE

Ilustrações: Giz de Cera/Arquivo da editora

Ilustrações: Giz de Cera/Arquivo da editora

Ilustrações: Giz de Cera/Arquivo da editora

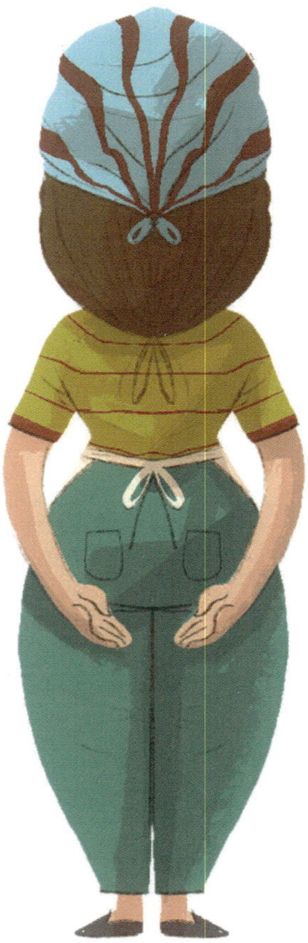

Ilustrações: Giz de Cera/Arquivo da editora

Giz de Cera/Arquivo da editora

Giz de Cera/Arquivo da editora